A *Ingleza* e o inglês
A São Paulo Railway e Charles Robert Mayo

Lucília Siqueira e Antonio Soukef Junior

São Paulo, 2013

A ferrovia está na história do Grupo Tejofran, Trail e Power. O primeiro contrato em cliente ferroviário aconteceu há mais de 40 anos!

Este livro, patrocinado sem benefício fiscal, igualmente manifesta outras crenças: no trabalho, no empreendedorismo e no apoio à cultura, como responsabilidade empresarial.

A presença deste material no Brasil é inédita. Além de história da ferrovia, é também história da industrialização.

Desde a primeira vontade de editar este livro, a intenção foi produzir material do mais alto conteúdo acadêmico. Assim é que os autores promoveram importante pesquisa e colocaram à disposição da publicação seu reconhecido saber.

O foco do livro é histórico. Contudo, nesta apresentação, queremos abrir espaço para pequena digressão: sobre a qualidade e o significado das fotos que compõem o acervo examinado. Embora com fito documental, algumas fotos são plasticamente belíssimas (assim como alguns desenhos de engenharia). Uma ilação, contudo, se oferece: por que as fotos do final do século 19 parecem comemorar a vitória do engenho humano, a máquina, o progresso, enquanto as fotos do final dos anos de 1920 retratam tragédias da natureza? Em ambos os momentos, como já dissemos, as fotos pretendem-se documentais. Os desastres e acidentes, evidentemente, aconteceram. Contudo, que filtro na objetiva fez o foco passar do otimismo para a pequenez do homem diante da natureza, da fatalidade? Terá sido a Primeira Guerra? A crise econômica? O fato é que a pura objetividade é uma impossibilidade.

Sem mais delongas, o Grupo Tejofran deseja que este livro traga prazer visual e informações interessantes. Ele é uma singela forma de agradecermos a todos que nos apoiaram ao longo de nossa própria história: clientes, colaboradores, fornecedores e amigos.

Railways are part of the history of Grupo Tejofran Trail and Power. The first contract with a railway customer was signed more than 40 years ago!

This book, sponsored without tax benefits, equally manifests other beliefs: in work, in entrepreneurship, and in the support to culture, as corporate citizenship.

The presence of this material in Brazil is unprecedented. In addition to the history of railways, it also tells the history of industrialization.

Since we first wanted to publish this book, the intention was to produce material of the highest academic standard. This is how the authors conducted important research and made their renowned knowledge available to the publication.

The focus of the book is historical. However, in this introduction, we want to open space for a small digression: about the quality and meaning of the photos that comprise the collection examined. In spite of their documental purpose, some pictures are esthetically beautiful (like some engineering drawings). One question, however, offers itself: why do the pictures of the late 19th century seem to celebrate the victory of human genius, machines, and progress, while the pictures of the late 1920's portray nature tragedies? In both moments, as we said before, the photos intend to be documental. The disasters and accidents, evidently, were real. However, which filter in the lens shifted the focus from optimism to the smallness of men before nature, fatality? Could it have been World War I? Or the economic crisis? The fact is that pure objectivity is impossible.

Without further ado, Grupo Tejofran wishes that this book may provide visual pleasure and interesting information. This is a simple way for us to thank all those who supported us along our history: customers, employees, suppliers, and friends.

ÍNDICE

Apresentação **8-13**

Parte 1 – Os arquivos pessoais e estes documentos de Charles Robert Mayo.......... **14-45**

Parte 2 – A construção da São Paulo Railway: a segunda linha................................. **46-79**

Parte 3 – A São Paulo Railway nas três primeiras décadas do século XX................ **80-125**

Parte Final – Novos caminhos da São Paulo Railway e de Charles Mayo............... **126-135**

Bibliografia **136-139**

SUMMARY

Presentation **8-13**

Part 1 – The personal archives and these documents from Charles Robert Mayo............. **14-45**

Part 2 – The construction of São Paulo Railway: the first line... **46-79**

Part 3 – São Paulo Railway in the three first decades of the 20th century...................... **80-125**

Final Part – New Avenues for São Paulo Railway and Charles Mayo **126-135**

References **136-139**

E não estou interessado em nada rarefeito. Eu quero saber qual a relação entre este objeto de madeira que giro entre meus dedos (...) e os lugares onde ele esteve. Quero ser capaz de entrar em cada cômodo onde este objeto viveu, de sentir o volume do espaço, de conhecer os quadros nas paredes, de saber como era a luz que vinha das janelas. E quero saber em quais mãos esteve, e o que elas achavam e pensaram sobre ele – se pensaram sobre ele. Quero saber o que este objeto testemunhou.

Edmund de Waal – **A lebre com olhos de âmbar**

And I am not interested in thin. I want to know what the relationship has been between this wooden object that I am rolling between my fingers (...) and where it has been … I want to walk into each room where this object has lived, to feel the volume of the space, to know what pictures were on the walls, how the light fell from the windows. And I want to know whose hands it has been in, and what they felt about it and thought about it – if they thought about it. I want to know what it has witnessed.

Edmund de Waal – **The Hare with Amber Eyes**

Apresentação

Este livro nasceu de um conjunto de documentos que a Tejofran adquiriu junto à Sothebys em 2011. Trata-se de centenas de documentos em papel, dos quais boa parte são fotografias; outros são correspondências, projetos de obras, desenhos técnicos e plantas. Na verdade, a Tejofran adquiria naquela altura uma parcela do arquivo pessoal do inglês Charles Robert Mayo (1877-1971).

Entre a dezena de recipientes onde se acondicionavam os documentos, imediatamente chamaram atenção dois álbuns de fotografias: o primeiro, montado numa pasta de papelão rosado, onde as fotos registram os deslizamentos e acidentes ocorridos na década de 1920 nas linhas da São Paulo Railway localizadas na Serra entre Santos e São Paulo; e o segundo, um álbum de fotografias propriamente dito, de capa preta, era a reunião de uma série de imagens aéreas também das linhas da *Ingleza* entre Santos e São Paulo no mesmo período.

Presentation

This book originated from a set of documents that Tejofran bought from Sotheby's in 2011. This set comprises hundreds of documents, mostly photographs; and also letters, project designs, technical drawings, and floor plans. In fact, Tejofran bought part of the personal archives of Charles Robert Mayo (1877-1971), a British citizen.

Among the dozen containers that held the documents, two photo albums immediately caught our eye: the first, bound in a pinkish cardboard folder, had pictures showing landslides and accidents that occurred in the 1920's in São Paulo Railway's tracks, located in the mountain range between Santos and São Paulo. The second was a proper photo album, with a black cover, which contained a collection of aerial pictures of the British railway lines between Santos and São Paulo from the same period. Further ahead we will describe both albums in detail.

   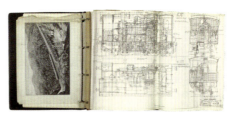 

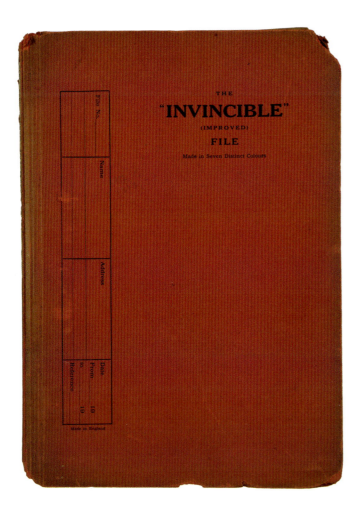 

A pasta rosa e o álbum preto carregam coleções de imagens, isto é, reúnem documentos que têm as mesmas características, mas que foram juntados artificialmente, pela vontade de alguém, e não por acumulação involuntária que resultasse do exercício de alguma atividade.

A pasta rosa tem um índice logo na abertura, indicando que suas fotografias compõem relatórios realizados entre 1922 e 1929.

O álbum preto não traz nenhuma datação das imagens. Entretanto, sabemos que suas fotografias foram produzidas nos anos finais da década de 1920, mais

The pink folder and the black album hold collections of pictures, that is, documents with common features, but which were put together artificially, because someone wanted to. They are not just the casual accumulation that would result from the practice of some activity.

The pink folder has a long table of contents right at the front, indicating that its photographs are part of reports drafted between 1922 and 1929.

There is no mention to dates for the pictures of the black album. We know, however, that the photographs were produced in the late 1920's, more precisely between

À esquerda, fotografia do álbum preto com imagem de Santos, em que se vê o desabamento do Monte Serrat. À direita, imagem da cidade de São Paulo com o Edifício Martinelli em construção.

On the left, picture of the black album with image of Santos, showing the landslide of Mount Serrat. On the right, image of the city of São Paulo with Martinelli Building in construction.

precisamente entre os meados de 1928 e o começo de 1929. Dois elementos denunciam com maior evidência essa data: o primeiro é o grande deslizamento de terra no Monte Serrat, em Santos, que está na segunda fotografia do álbum, tendo ocorrido em março de 1928; o segundo está numa das tomadas da cidade de São Paulo, onde o Edifício Martinelli, inaugurado em 1929, aparece em construção, com os últimos andares quase prontos.

mid-1928 and the beginning of 1929. Two elements indicate the dates very clearly. The second picture of the album shows a major landslide in Monte Serrat, in Santos, which we know happened in March 1928. The album also has a picture of the city of São Paulo, where the Martinelli Bulding was being built, with the top floors almost ready. We know that the building was inaugurated in 1929.

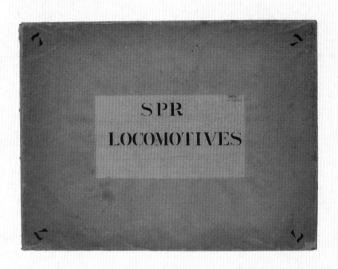  

Recipientes que guardam os documentos de Charles Mayo: envelopes de papel e de plástico e pasta preta.

Containers that hold Charles Mayo's documents: paper and plastic envelopes and black folder.

Além dessas duas coleções organizadas de fotografias, havia cinco grandes e rígidos envelopes pardos, dois envelopes plásticos também grandes e uma pasta preta, recheada de desenhos técnicos.

Ao longo de meses de trabalho e de investigação a partir desses documentos, foram se desvendando os laços que uniam Charles Robert Mayo à São Paulo Railway e que permitiam refletir sobre um período ainda pouco estudado na história da ferrovia entre nós: a década de 1920; em geral, pouco se tem escrito sobre a ferrovia paulista após a Primeira Guerra Mundial.

Para chegar aos anos de 1920, entretanto, este livro não buscou o caminho mais reto e fácil. Aqui, o trajeto escolhido foi aquele que permitia tratar da história da São Paulo Railway que se relacionava com as descobertas surgidas no manejo dos documentos deste arquivo pessoal.

In addition to these two organized photograph collections, there were five large rigid brown envelopes, two large plastic envelopes, and a black folder, filled with technical drawings.

Months of work and investigation of these documents revealed the link between Charles Robert Mayo and São Paulo Railway. This allowed us to think about a period still little studied in the history of the railway: the 1920's. Very little has been written about São Paulo Railway after World War I.

To get to the 1920's, however, this book did not pursue the most straightforward or easiest way. We chose to address the history of São Paulo Railway based on the discoveries made when handling the documents of this personal archive.

O livro divide-se em três partes:

Na primeira delas, tratamos de apresentar o arquivo pessoal de Charles Robert Mayo de que dispomos e de reconstituir sua trajetória como homem ligado à ferrovia.

Na segunda, buscamos mostrar qual era o passado da São Paulo Railway anterior à criação das fotografias que estão na pasta rosa e no álbum preto e que foram tiradas na década de 1920. Dessa maneira, essa segunda parte do livro reconta a história da *Ingleza* dividindo-a em duas etapas: a construção da primeira linha, inaugurada em 1867, e a sua ampliação, quando da construção da segunda linha, na década de 1890.

Na terceira parte, este livro dedica-se precipuamente ao entendimento do que se passava na conjuntura em que foram produzidas as fotografias da pasta rosa e do álbum preto. Tratamos de ver, nesta altura, como a companhia britânica que operava a linha férrea de Jundiaí a Santos alcançou o apogeu nos meados da década de 1910 e, em seguida, durante os anos de 1920, viveu suas grandes crises e o início de seu declínio.

Por todo canto do livro, aquém e além da narrativa da história de Charles Robert Mayo e da São Paulo Railway, há reflexões acerca do tratamento e dos sentidos que se podem atribuir a vestígios do passado.

Na última parte (Parte Final), procuramos apresentar algumas informações sobre a *Ingleza* após as crises por que passou na década de 1920, e também sobre a atuação de Charles Mayo nesse período.

The book is divided in three parts:

In the first one, we present Charles Robert Mayo's personal archive and reconstitute his trajectory as a man related to the railway.

In the second, we seek to show the past of São Paulo Railway, before the 1920's, when the photographs in the albums were taken. The second part of the book tells the history of the British company and divides it in two phases: the construction of the first railway, inaugurated in 1867, and its expansion, in the 1980's, when the second railway was built.

In the third part, this book focuses especially on the understanding of what was going on when the photographs of the pink folder and black album were taken. We set ourselves to see how the British company that operated the railway from Jundiaí to Santos reached its prime in the mid 1910's and, then went through crises and declined during the 1920's.

Everywhere in this book, and beyond the history of Charles Robert Mayo and São Paulo Railway, there are reflections about the treatment and the meanings that can be attributed to traces of the past.

In the Final Part we try to present some information about the Ingleza *(as São Paulo Railway was also known in Brazil) after the crisis it went through in the 1920's.*

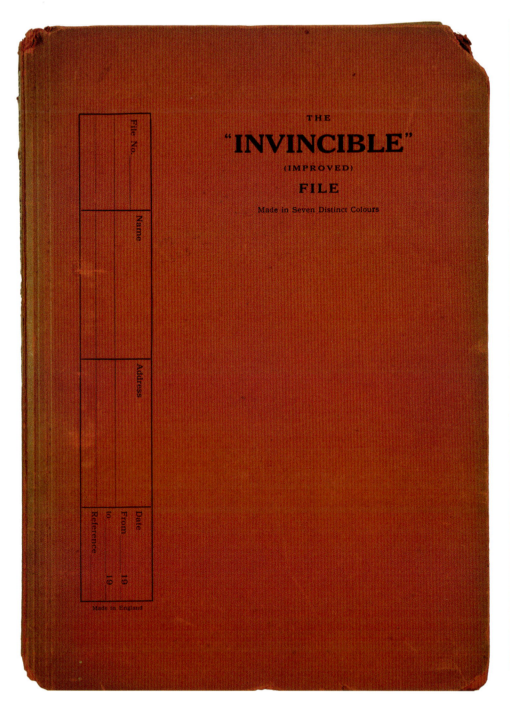

NEW SERRA INCLINES
Slip about 200 yds. below top.
Demolishing shed for storing Ropes
Feb. 1929
Superintendent's Report 22/2/29

Parte I

Os arquivos pessoais e estes documentos de Charles Robert Mayo

Foram necessários alguns exames no conjunto de documentos adquirido pela Tejofran até concluir que se tratava do arquivo pessoal de Charles Robert Mayo e, mais precisamente, de parcela deste arquivo pessoal. Não estava evidente ao primeiro olhar o que haveria de comum entre a carta manuscrita assinada por um tio, dezenas de fotografias de equipamentos ferroviários, correspondência comercial ativa e passiva e um boletim escolar, por exemplo; documentos cujas datas de produção iam de 1882 a 1956. Aos poucos, num trabalho de detetive, foram se evidenciando os nexos entre as imagens, os textos, as pessoas fotografadas e as inscrições que certos documentos carregavam.

Part I

The personal archives and these documents from Charles Robert Mayo

It took some examination of the set of documents that Tejofran bought until we came to the conclusion that they made up the personal archives of Charles Robert Mayo and, more precisely, part of his personal archives. At first we could not see the common thread between a handwritten letter signed by an uncle, dozens of photographs of railway equipment, commercial letters both sent and received, and a school report, for example; documents whose dates ranged from 1882 to 1956. Little by little, in detective work, the connections between the pictures, texts, photographed people, and inscriptions in some documents became clear.

Today, society is increasingly interested in memories, in what lies behind the his-

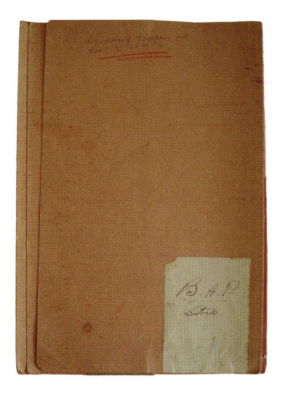
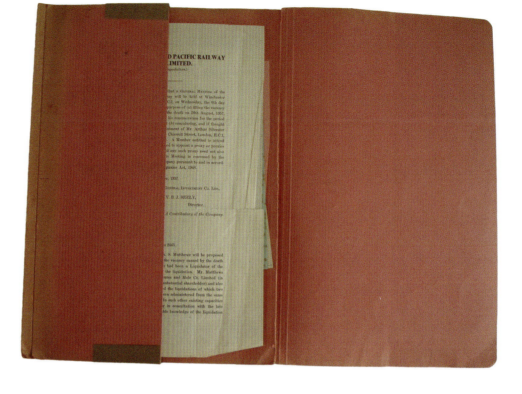

Envelope de papelão com a inscrição "B.A.P.", que guarda documentos referentes à Buenos Ayres and Pacific Railway.

Cardboard envelope with inscription "B.A.P.", that holds documents about Buenos Ayres and Pacific Railway.

Atualmente, cresce por toda a sociedade o interesse pela memória, pelo que ficou para trás na história das empresas, dos grupos minoritários, das famílias longevas, das entidades de classe... Aflora entre nós uma sensibilidade um tanto exagerada para tudo querer guardar, para nada querer perder; qualquer vestígio – do passado e do presente – deve ser conservado para o futuro, tornando tudo documento e, dessa maneira, alargando a ideia que temos de arquivo e de quem pode ser produtor de arquivo. Hoje, entendemos que arquivos não são somente aqueles depósitos de documentos que se abrigam em instituições públicas; há inúmeros lugares de produzir arquivos e instituições de custódia, e entre eles há os arquivos pessoais.[1]

Ao contrário do que se poderia imaginar de imediato, um arquivo pessoal não serve especialmente para construir a biografia de seu titular. Não se pode cair na armadilha de acreditar que aquele conjunto de papéis espelha uma trajetória

tory of companies, minority groups, long-living families, trade associations. A somewhat exacerbated sensitivity emerges amongst us, leading us to keep everything, to lose nothing. Any vestige – from the past and present – should be kept for the future. This turns everything into a document, thus broadening our idea of what an archive is and of who can produce an archive. Today, we think of archives not only as repositories of documents that public organizations hold. There are countless places where files are produced, and countless organizations where they are stored, including personal archives.[1]

Unlike what one could imagine at first, personal archives are useful not only to build the biography of their creators. One cannot fall into the trap of believing that a set of papers shows a personal trajectory. Like all organizational archives, both public and private, personal archives also carry the weight of the history of their forma-

5-M-25
CRM/WRP.

3rd October 1945.

W.C.Williams Esq.,
Messrs Beyer Peacock & Co.Ltd.
Abbey House,
Westminster, S.W.1.

Dear Mr. Williams,

I duly received your letter of the 18th September which was passed on to me by Mr. Adeane.

Thank you very much for all you say, and for the trouble which you have taken.

Actually, during the last two months I have been able to obtain some quite satisfactory offers of locomotives practically identical with the type required by the Puerto Cabello & Valencia Railway and am at present obtaining from the Works particulars of the oil burning arrangement which they recommend to suit the particular type of firebox, and it seems probable that, due to the favourable delivery and price offered, the Company will consider placing an order.

Yours truly,

Correspondência datada de 1945, enviada por Charles Mayo.

Mail with the date of 1945, sent by Charles Mayo.

pessoal. Como todos os arquivos institucionais, sejam públicos ou privados, os arquivos pessoais também carregam o peso de sua própria história de formação, isto é, todo arquivo, ao invés de se constituir num depósito de documentos sobre o que ocorreu verdadeiramente no passado, constitui-se antes no que foi possível guardar, naquilo que escapou da ação devastadora do clima e que se escolheu manter. Todo arquivo resulta de movimentos distintos: num primeiro momento, há a criação do documento – o instante em que se tira a fotografia, o preenchimento de um formulário, a escrita de uma carta etc. – depois, há os movimentos de guardar ou jogar fora cada uma dessas coisas, de decidir o que é importante que se conheça no futuro e o que é imprescindível esconder, não deixar lembrar ou simplesmente deixar esquecer.

tion, that is, every archive, rather than being a repository of documents about what truly happened in the past, has what was possible to keep, that which escaped the devastating action of weather and was chosen to be kept. Every archive results from different movements: first, there is the creation of the document – the moment the photograph is taken, the filling of a form, the writing of a letter, etc. Then, there are movements such as keeping or throwing away each one of those things, and deciding what should be known in the future and what must be hidden, what should not be remembered or simply forgotten.

Correspondência datada de 1965, recebida por Charles Mayo.

Mail with the date of 1965, received by Charles Mayo.

Mais ainda do que os arquivos institucionais, os arquivos pessoais constroem-se na dependência da ação voluntária do seu produtor – neste caso, de Charles Robert Mayo – e daqueles que depois de sua morte tornam-se responsáveis por seu legado documental, por aquilo que o indivíduo acumulou ao longo da vida: fotografias, cartas de amor, notícias de jornal, registros contábeis, flores secas, diários etc. Com o decorrer do tempo, o titular de um arquivo pessoal pode mudar seus critérios de acumulação de documentos muito mais livremente do que nos arquivos institucionais; o indivíduo pode resolver que uma série grande de papéis que acumulara por anos não deve mais ser guardada; pode ir atrás de coisas que tivera na infância e que perdera ao longo do tempo, conquistando tardiamente peças que, aos olhos dos demais, parecem ser as originais, que foram adquiridas pelo titular quando criança. Os descendentes ou empregados que posteriormen-

Personal archives, to a greater extent than organizational files, are built based on the voluntary action of their creators – in this case, Charles Robert Mayo – and those who after his death became responsible for his document legacy, for that which the creator accumulated along his/her life: photographs, love letters, newspaper clippings, accounting records, dried flowers, diaries, etc. As time goes by, the creator of a personal archive may change his/her criteria for the accumulation of documents much more freely than holders of organizational archives. The person can decide that a large series of papers that he/she accumulated for years should no longer be kept, or decide to go after things they had in their childhood which were lost in time, to try to obtain pieces which to others will look like the original ones, bought by the creator when he/she was a child. The descendents or employees who after the death of the creator become responsible for the collection may also decide, again, what will

Carta do tio, datada de 1920, enviada a Charles Mayo.

Letter from uncle, with the date of 1920, sent to Charles Mayo.

te à morte do titular tornam-se responsáveis por seu acervo também podem decidir, novamente, o que permanecerá para a posteridade, o que será eliminado e, ainda outra possibilidade, o que será retirado do conjunto acumulado por seu produtor para ficar sob a guarda de um herdeiro ou ser vendido no mercado de antiguidades, por exemplo.

Portanto, quando estamos diante de um arquivo pessoal como este, devemos nos lembrar que se trata de um conjunto de documentos que abriga várias memórias e que não pode ser identificado com uma memória individual, tampouco com a trajetória pessoal de seu titular. É preciso estar atento para não forçar uma linha narrativa entre documentos que, além de revelarem acontecimentos do passado por meio de suas informações, escondem descontinuidades por ocultamentos e perdas, ignoram muito do acontecido e podem induzir à composição

remain for posterity, what will be eliminated and, still another possibility, what will be taken out from the set accumulated by the creator to be guarded by an heir or to be sold in the antique market, for example.

Therefore, when we are before a personal archive like this, we should remember that it is a set of documents that reflects many different memories. It cannot be mistaken for an individual's memory, or for the personal trajectory of its creator. It is necessary to be careful not to impose a narrative line between documents which, in addition to revealing events of the past through the information they contain, hide discontinuities due to concealment and loss, and ignore much of what happened. This could mislead one into building a rather naive history, especially when dealing with archives whose formation is unknown. We do not know where Mayo's documents circulated since the 1970's, when he died.

Fotografia de um cão, sem data, incluída nos documentos de Charles Mayo

Picture of a dog, undated, included in Charles Mayo's documents.

de uma história bastante ingênua, sobretudo ao se tratar de um arquivo cujo percurso de formação é desconhecido, já que não sabemos por onde circularam os documentos de Mayo desde a década de 1970, época de seu falecimento.

Vejamos, então, o que é possível conhecer do passado por meio dos documentos que temos em mãos. Quais os limites que este conjunto apresenta? Quais as perguntas que nos permite responder? Quais as novas inquietações que este papelório vindo da Grã-Bretanha desperta no presente em que vivemos?

Alguma investigação aqui e ali e os longos períodos de tempo para os quais não há nenhum documento mostraram que o arquivo pessoal de Charles Robert Mayo foi fracionado e que existem outros lotes de documentos do inglês em circulação pelo mundo: com segurança, podemos afirmar que há parte desses documentos no Dorset History Center e outras porções loteadas e vendidas

Let us see, then, what can be learned from the past through the documents that we have in hands. Which limits does this set present? Which questions does it permit us to answer? Which new questions does this bunch of papers from Great Britain prompt in the present we live in?

After some investigation, we realized that there were no documents for long periods of time. This fact showed that Charles Robert Mayo's personal archive had been divided up and that there should be other batches of Mayo's documents circulating around the world. We can say for sure that part of those documents is in the Dorset History Center whereas others were sold by auction houses, like the one bought by Tejofran, and which is the object of this book.

The hundreds of documents bought by Tejofran include mostly photographs of São Paulo Railway (also referred in this book as Ingleza, as it was known in Brazil), and

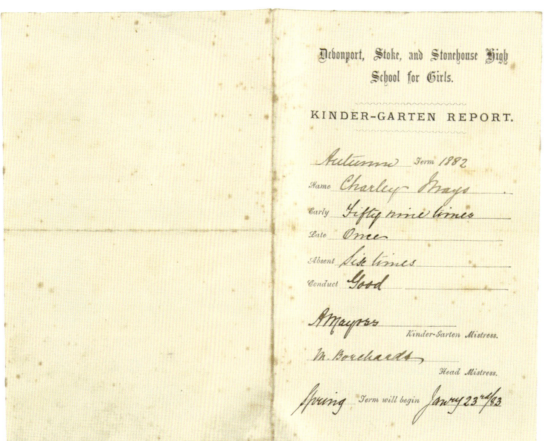

Boletim escolar de Charles Mayo, datado de 1882.

School report of Charles Mayo, with the date of 1882.

pelas casas de leilão, como esta que nos moveu a construir este livro.

As centenas de documentos adquiridos pela Tejofran incluem principalmente fotografias da São Paulo Railway, mas também correspondência entre Mayo e os engenheiros da *Ingleza* situados em São Paulo, entre Mayo e outras companhias férreas, projetos de equipamentos e obras para ferrovia.

Perdidos entre os assuntos ferroviários existem uma pequena foto de um cão e uns poucos documentos de caráter estritamente pessoal, como o boletim escolar referente ao outono de 1882 e a carta de um tio.

Um olhar cuidadoso para o que há de organicidade e de lapsos neste acervo indica que a manutenção de documentos de variados tipos serviu à montagem de um conjunto que tivesse atratividade no mercado de antiguidades – uns papéis e fotos sobre a São Paulo Railway, outros sobre os negócios com o governo chi-

also letters between Mayo and the engineers of the English company based in São Paulo; between Mayo and other railways, in addition to project designs of equipment and railway construction.

Lost among railway-related documents, was a small photo of a dog and a few strictly personal documents, like Mayo's school report of the autumn of 1882 and a letter from an uncle.

A careful look into the archive allowed us to see the organicity and gaps of this collection. The different types of documents of the collection indicate that a set was assembled that would look attractive in the antique market – some papers and photos about São Paulo Railway, others about transactions with the Chinese government, some personal documents, others referring to Argentina, etc. This strategy makes it easier to attract potential buyers, because the lot offered could appeal to more

> **BUENOS AYRES AND PACIFIC RAILWAY COMPANY LIMITED.**
> *(In Voluntary Liquidation)*
> No. **7063** CITY WALL HOUSE, 84/90, CHISWELL STREET, LONDON, E.C.1. *14th December, 1957.* PM/2
>
> The form of receipt and declaration of residence, duly completed, has been received. Attached hereto is a warrant for payment in full satisfaction of the amount of the Second Liquidation Distribution in respect of your holding as shown below.
>
> £_____ 5% First Preference Stock @ £11 4 0 % ... £ : :
> £_____ 5% Second Preference Stock @ £8 0 0 % ... £ : :
> £_____ 6% Preference Stock @ £8 0 0 % ... ... £ : :
> £ 200 Ordinary Stock @ £4 0 0 % ... ... £ 8 : :
>
> Warrant £ 8
>
> CHARLES R. MAYO, ESQ.,
> DENNEL HILL,
> TIDENHAM CHASE,
> 7063 NR. CHEPSTOW.
>
> A. S. MATTHEWS,
> *Liquidator.*

Autorização de pagamento de valor devido a Charles Mayo, datado de 1957, referente a ações que detinha.

Authorization for the payment of amount due to Charles Mayo, with the date of 1957, referring to shares he owned.

nês, alguns de natureza pessoal, outros referentes à Argentina etc. Essa estratégia torna mais fácil atiçar os possíveis compradores, pois o lote oferecido podia interessar a mais gente: a quem se ocupa de coisas da ferrovia, de coisas da China, de histórias de famílias longevas, ou até de conhecer a própria genealogia.

Com efeito, o fetichismo é o maior risco no mundo das antiguidades e é frequente depararmos com artefatos remanescentes do passado que nada revelam além de sua própria existência. Se nada se junta, se nenhum artefato explica outro, se não se consegue descrever minimamente o vestígio que se tem nas mãos, se nada se pode saber acerca do passado a partir dele, ou ainda, se tampouco nenhum sentido se atribui a esse vestígio, é porque seu valor se reduziu a ser prova da distinção de quem o possui na atualidade.[2]

Aqui buscamos justamente o oposto, ou seja, este livro empenha-se em dar

people: those interested in railway stuff, Chinese affairs, history of long-living families, or even those interested in their genealogy.

In fact, fetishism is the greatest risk in the world of antiques and we frequently come across vestiges from the past that will reveal nothing but their own existence. If there's no connection; if no item explains the other; if it is impossible to minimally describe the vestige in your hands; if one cannot tell anything about the past based on the item, or still, if no meaning can be attributed to the vestige either, it is because its value is reduced to being proof of the distinction of whoever owns it in the present.[2]

Here we are seeking precisely the opposite, that is, this book strives to assign meaning to this set of documents, to reveal the information it provides about part of the history of São Paulo Railway. Moreover, we want to show how pleasurable it can be to investigate vestiges of the past and, by asking questions to them, find even more

sentido a este conjunto de documentos de Charles Robert Mayo, em mostrar as informações que nos traz sobre parte da história da ferrovia paulista e, mais, em mostrar quão prazeroso pode ser investigar os vestígios do passado e, interrogando-os, descobrir outras perguntas e respostas sobre o que ocorreu num tempo que, se já não é o nosso, bem pode nos fazer entender do presente exatamente em virtude do estranhamento que nos provoca.

Os especialistas lidam com os vestígios do passado perscrutando cada detalhe, inclusive na sua materialidade, sejam eles historiadores, linguistas, arquivistas, investigadores de polícia, restauradores ou detetives. Se queremos entender um vestígio material do passado é preciso entendê-lo também como um artefato, examinar não apenas a informação que carrega, mas igualmente o suporte onde esta se insere.[3]

Na verdade, trata-se mesmo de um trabalho de investigação que deve passar pelas condições da produção do documento – quem o produziu, com que finalidade, qual a tecnologia disponível para sua feitura etc. –, pela sua circulação – por onde andou, por quem foi visto, se circulava no mercado, nos bancos escolares, nos livros, nos meios populares ou eruditos etc. –, pelo seu consumo – quem viu as imagens ou leu os textos, como seu conteúdo foi apreendido, lia-se em silêncio ou em voz alta, se o material era usado em ambiente doméstico, no lazer ou no trabalho, ... – e, por fim, como se deu o armazenamento dos documentos desde o tempo em que perderam o uso para o qual foram criados.

Para os que trabalham com um documento do passado, às vezes o entendimento de como ele foi constituído é mais proveitoso do que as informações que veicula, do que seu conteúdo propriamente dito. No caso das nossas fotografias, encontrar no verso o carimbo de um fotógrafo sediado em Londres pode botar abaixo uma placa que, na cena da foto, induzia a crer na cidade de São Paulo como possível localização de onde a fotografia fora tirada. Ou ainda, ter todas as folhas de papel pardo da pasta rosa no mesmo estado de conservação, numeradas com a mesma letra e tinta, pode ser indício de que, apesar de as fotografias terem sido tomadas em anos diferentes, a montagem da pasta fez-se numa única empreitada, do começo ao fim.

Ter nas mãos um artefato e interrogá-lo em muitas perspectivas é atividade que pode encantar. Manter-se curioso acerca de um vestígio do passado é manter-se

questions and answers about what happened in a different time, a time that may very well help us understand the present exactly because of the strangeness it causes in us.

Specialists such as historians, linguists, archivists, police investigators, restorers, or detectives deal with past vestiges by investigating every detail, including their materiality. If we want to understand material vestiges from the past, it is necessary to understand them also as artifacts, examining not only the information they carry, but also their support.[3]

In fact, it really is a work of investigation into the conditions of production of the document – who produced it, with what purpose, which technology was available to make it, etc. Then the circulation of the document has to be investigated: where it has been, who saw it, if it circulated in the market, schools, books, popular or scholarly environments, etc. Then we have to look into its consumption – who saw the pictures or read the texts, how its content was understood, was it read in silence or aloud, was the material used at home, for leisure or for business. Finally we have to look into how the documents were stored since they became useless.

For those who work with documents from the past, sometimes understanding how they were created is more valuable than the information they convey, i.e. their content per se. In the case of our photographs, finding on their back the stamp of a photographer based in London may challenge a sign that, on the scene of the photo, had led us to believe that the city of São Paulo was the possible location where the photograph had been taken. Also the fact that all sheets of brown paper in the pink folder were in the same state of conservation, and were numbered with the same handwriting and ink may be an indication that, even though the photographs had been taken in different years, the folder had been assembled at a certain time, from beginning to end.

Having an artifact in your hands and asking it questions from many perspectives is an activity that can be enchanting. Being curious about a vestige from the past means being in a position of desire. Ultimately it is a way of life.

Today, the myth that 'seeing is knowing' is disseminated amongst us: if you have seen something, you know it. On one hand, this attitude is the result of another mistaken belief, that is, that everything in the cyber space, in the virtual world mirrors reality and, therefore, everything is available to be seen on screen. Our gaze

Fotografia datada de 1936, que atesta fornecimento de equipamentos para a China por meio da Fox & Mayo. Charles Mayo parece ser o homem da esquerda.

Picture with the date of 1936, proving the supply of equipment to China through Fox & Mayo. Charles Mayo seems to be the man on the left.

em posição de desejo; no limite, é uma maneira de estar vivo.

Na atualidade, espraiou-se entre nós o mito de que ver é conhecer: quem viu já conheceu. De um lado, essa atitude é companheira de outra falsa crença, que é a de que tudo está no ciberespaço, de que o mundo virtual espelha a realidade e, portanto, tudo está disponível para ser visto na tela. De outro lado, existe entre nós uma aceleração do olhar que impede a visão das miudezas, a sensibilidade para o possível e para a apreensão dos sentidos que o outro atribuiu àquilo que usava no seu tempo.

Quanto mais descobrimos acerca do mundo material que nos rodeia mais seguros estamos. Para isso, contudo, é preciso diminuir a velocidade do olhar e, pouco a pouco, desvendar a coisa que temos diante dos olhos.

is therefore accelerated, and this prevents us from seeing small things, from being sensitive to what is possible and from apprehending the meanings others assigned to what they used in their time.

The more we discover about the material world that surrounds us, the safer we are. For that, however, it is necessary to reduce the velocity of our gaze and little by little unveil the thing before our eyes.

Fotografias datadas de 1936, que atestam fornecimentos de equipamentos para a China por meio da Fox & Mayo. Charles Mayo está no centro na foto acima e à direita na foto ao lado.

Pictures with the date of 1936, proving the supply of equipment to China through Fox & Mayo. Charles Mayo is in the center of the photo above and on the right in the photo beside.

Cópia de documento de 1905 em que G. Whale certifica que Charles Mayo ingressou como aprendiz na London & North em 1895 e deixou a companhia em 1901, depois de ter passado por vários setores e apresentado bom desempenho.

Document of 1905 in which G. Whale certifies that Charles Mayo joined London & North as an apprentice in 1895 and left the company in 1901, after having gone through many sectors and shown good performance.

Charles Robert Mayo no seu tempo e nos documentos da Tejofran

Segundo o The National Archives, órgão oficial do governo do Reino Unido, Charles Robert Mayo nasceu em 1877, numa família britânica que remonta ao século XVI. Seu avô paterno, o Reverendo William Mayo, foi vigário na paróquia anglicana de Longburton, que ficava no Sul da Inglaterra, no Condado de Dorset, no meio do caminho entre Plymouth e Londres. Seu pai, o militar William Robert Mayo, casou-se aos 29 anos de idade com Anne Knapp; em 1875 o casal teve o primeiro filho: a menina Charlotte. Depois dela, nascia uma criança a cada ano e meio; em 1877 foi o nosso Charles Robert Mayo, em 1879 nasceu o irmão John Frederick Mayo – que se tornou clérigo da Igreja Anglicana, como o avô –, e em 1881 nasceu Herbert Coates Mayo – que seria militar como o pai. William Robert e Anne moravam com as quatro crianças em Kent, a cerca de 40 km ao sul de Londres.[4]

Charles Robert Mayo in his time and in Tejofran's documents

According to The National Archives, *an official agency of the United Kingdom government, Charles Robert Mayo was born in 1877, from a British family dating back to the 16th century. His paternal grandfather, Reverend William Mayo, was a vicar in the Anglican parish of Longburton, located in southern England, in the County of Dorset, half way between Plymouth and London. His father, the military William Robert Mayo, married Anne Knapp at the age of 29. In 1875, the couple had their first child: Charlotte. After her, a child was born every year and a half. Charles Robert Mayo was born in 1877, and his brother, John Frederick Mayo was born in 1879. John Frederick became a clergyman of the Anglican Church, like their grandfather. In 1881 Herbert Coates Mayo was born, and he became a military like their father. William Robert and Anne lived with their four children in Kent, about 40 km south from London.[4]*

COPY

LONDON AND NORTH WESTERN RAILWAY

Locomotive Department, Crewe.

August 21st, 1895.

Received from Mr. W.R. Mayo the sum of Sixty Pounds in consideration of his son being admitted as an Apprentice into the Locomotive Works, Crewe, under the conditions approved by the Company.

£60. 0. 0

Signed. E. Chapman.
Locomotive Cashier.
per W.D.H.

Cópia de recibo datado de 1895 em que se atesta o pagamento feito pelo pai de Charles Mayo, referente à admissão do filho como aprendiz na London & North Western Railway.

Copy of receipt with the date of 1895 attesting the payment by Charles Mayo's father, referring to his son's admission as an apprentice to London & North Western Railway.

Aos cinco anos, Charles Robert Mayo estava na escola. No boletim mostrado na página 21, referente ao outono de 1882, vê-se que a professora era de sua família, também uma "Mayo", cujo primeiro nome começava com "A"; como sua mãe se chamava Anne, talvez fosse ela a professora de Charles.

Em 1888, com onze anos, ele ganhou o livrinho de catecismo que permanece guardado no Dorset History Center e o marcou com as suas iniciais. Com dezoito anos, Charles entrou como aprendiz na London & North Western Railway, no setor de locomotivas, onde ficou entre 1895 e 1898, saindo da empresa com excelente avaliação do engenheiro-chefe e já entre os que trabalhavam com desenho.

Aos 26 anos de idade, quando estava empregado no Departamento de Engenharia da Argentine Great Western Railway, Charles casou-se com Mary Emily

At the age of five, Charles Robert Mayo was in school. In the picture of his report of the fall of 1882, we see that his teacher belonged to his family. She was also a "Mayo" whose first name started with the letter "A". As his mother's name was Anne, maybe she was Charles' teacher.

In 1888, at the age of eleven, he won his catechism booklet, which is kept in the Dorset History Center, and he marked it with his initials. At the age of eighteen, Charles joined London & North Western Railway as an apprentice, in the locomotive department, where he worked between 1895 and 1898. He left the company with an excellent evaluation of the chief engineer and already working with design.

At the age of 26, while working for the Engineering Department of the Argentine Great Western Railway, Charles married Mary Emily Frederica, from Cheshire, located about 300 km to the northeast of London. They had two daughters: Margaret

COPY

COPY OF TESTIMONIAL FROM PROFESSOR W. E. DALBY.

CENTRAL TECHNICAL COLLEGE.

W.E.DALBY,M.Inst.,C.E.,   (City and Guilds of London Institute)
M.I.M.E.   EXHIBITION ROAD,
LONDON, S.W.

June 9, 1905.

To the Chairman of the Barry Railway Co.

Dear Sir,

     I have pleasure in stating that Mr. C. R. Mayo has been
a diligent student in the technical classes at the Finsbury College
for four years. During that time he has done a good deal of work
in connection with the application of scientific principles to
locomotive questions. His work during the day time has been
principally devoted to locomotive design and many of the problems
arising therewith have been studied in the work at the College.
His previous training, as a pupil of Mr. F.W.Webb at Crewe and
subsequently as an officer of the L. and N. W. R., in the locomotive
department, ensure that he is fully acquainted with the practical
construction, maintenance and running of locomotives. To this
knowledge he has added a knowledge of the scientific principles
of locomotive economy and this combination of practice and science
is relatively rare amongst locomotive specialists. I know Mr. Mayo
to be thoroughly conscientious and trustworthy and I have therefore
no hesitation in recommending his application to you for
consideration.

      Yours faithfully,

   (Signed)   W. E. DALBY. M.A. B.Sc.

Cópia de documento de 1905 em que o professor W.E. Dally atesta o bom desempenho de Charles Mayo durante os quatro anos em que estudou no Central Technical College.

Copy of document of 1905 in which professor W.E. Dally attests the good performance of Charles Mayo during the four years he attended Central Technical College.

Frederica, oriunda de Cheshire, situada a uns 300 quilômetros a noroeste de Londres. Tiveram duas filhas: Margaret Rohesia Gundred e Knid Hildegarde Verdin. Os irmãos de Charles, John Frederick e Herbert, tiveram, respectivamente, quatro e dois filhos. Nestas décadas finais do século XIX mudava o padrão demográfico nas regiões ocidentais mais ricas; os casais passavam a ter poucos filhos, iniciando então o costume das famílias modernas que tinham geralmente entre um e três filhos.

Quando tinha em torno de 45 anos de idade, Charles Robert Mayo perdeu o pai e, em seguida, a mãe.

De acordo com o historiador britânico Eric Hobsbawm, o período em que nasceu e foi criado Charles Robert Mayo, no último quartel do Oitocentos, foi um tempo de forte crise econômica, mas, mesmo assim, um tempo em que o

Rohesia Gundred and Knid Hildegarde Verdin. Charles' brothers, John Frederick and Herbert, had, respectively, four and two children. In the last decades of the 19th century, the demographic pattern of the richest western regions changed. Couples had fewer children, thus starting the habit of modern families having usually one to three children.

When he was about 45 years old, Charles Robert Mayo lost his father and, and then his mother.

According to the British historian Eric Hobsbawm, the period when Charles Robert Mayo was born and raised, the last quarter of the 1800's, was a time of strong economic crisis. However, it was a time in which progress, scientific and technological development, and an increasing ability to harness nature were strongly noticed by all those who lived in the rich parts of the planet, whether in England, where Mayo was

Fotomontagem de 1935 que mostra vagão fornecido à São Paulo Railway por meio da Fox & Mayo.

Photomontage of 1935 showing the wagon supplied to São Paulo Railway through Fox & Mayo.

progresso, o crescimento da ciência e o desenvolvimento da tecnologia e da capacidade de dominar a natureza eram percebidos com força por todos os que viviam nas partes ricas do planeta, fosse na Inglaterra, onde nascera Mayo, ou na Alemanha e nos Estados Unidos, onde a industrialização era mais recente.[5] Segundo Hobsbawm, naquela época surgiram muitos inventos que fariam sucesso e teriam seu uso disseminado principalmente após a Primeira Guerra Mundial, como o telefone, a lâmpada elétrica, o gramofone, o cinematógrafo e o automóvel, para citar alguns; entretanto, o mais visível para os que habitavam as regiões mais ricas do Ocidente ainda eram as invenções surgidas na metade do século e as transformações que estas tinham gerado no mundo:

> *"Era na tecnologia e em sua consequência mais óbvia, o crescimento da produção material e da comunicação, que o progresso era mais evidente. A maquinaria moderna era predominantemente movida a vapor e feita de ferro e de aço. O carvão se tornara a fonte de energia industrial mais importante (...). Além de inegável e triunfante, a tecnologia moderna era extremamente visível. Suas máquinas de produção, embora não fossem muito potentes pelos padrões atuais – na Grã-Bretanha a média era de 20 HP em 1880 –, costumavam ser grandes, ainda feitas principalmente de ferro (...). Mas os maiores e mais potentes motores do século XIX eram os mais visíveis e audíveis de todos. Eram as 100 mil locomotivas (200-450 HP) que puxavam seus quase 2,75 milhões de carros e vagões, em longas composições, sob bandeiras de fumaça. Elas faziam parte da inovação de maior impacto do século, sequer sonhada cem anos antes (...). Vastas redes de trilhos reluzentes, correndo por aterros, pontes e viadutos, passando por atalhos, atravessando túneis de mais de quinze quilômetros de extensão, por montanhas da altitude dos mais altos picos alpinos, o conjunto das ferrovias constituía o esforço de construção pública mais importante já empreendido pelo homem. Elas empregavam mais homens que qualquer outro empreendimento industrial."[6]*

Ainda com menos de trinta anos, Charles Robert Mayo deixou a Argentine Great Western Railway Company para pleitear o posto de Locomotive Superintendent na Barry Railway. Nesta altura, como mostra a cópia do que foi escrito

born, in Germany, or in the United States, where industrialization was more recent.[5] According to Hobsbawm, that was a time of many inventions that would become successful and would be widely used especially after World War I. The telephone, the electric light bulb, the gramophone, the cinematographer, and the automobile were invented then. However, the most visible thing to those living in the richest regions of the West were the inventions that appeared in the middle of the century and the transformations they gave rise to in the world.

> *"Progress was most evident and undeniable in technology and in its obvious consequence, the growth in material production and communication. Modern machinery was overwhelmingly powered by steam and made of iron and steel. Coal had become overwhelmingly the most important source of industrial energy (...).Modern technology was not only undeniable and triumphant, but highly visible. Its production machines, though not particularly powerful by modern standards – in Britain they averaged less than 20 HP in 1880 – were usually large, being still made mainly of iron (…) But by far the largest and most powerful engines of the nineteenth century were the most visible and audible of all. These were the 100,000 railway locomotives (200-450 HP), pulling their almost 2 ¾ million carriages and wagons in long trains under banners of smoke. They were part of the most dramatic innovation of the century, undreamed of a century earlier (…). Vast networks of shining rails, running along embankments, across bridges and viaducts, through cuttings, through tunnels up to ten miles long, across mountain passes as high as the major Alpine peaks, the railways collectively constituted the most massive effort of public building as yet undertaken by man. They employed more men than any other industrial undertakings."[6]*

Charles Robert Mayo was not thirty yet when he left the Argentine Great Western Railway Company to apply for the position of Locomotive Superintendent at Barry Railway. By then, as shown in the copy of what was written by Professor Dalby, from Central Technical College, of the City and Guilds of London Institute, Charles was already a specialist in locomotives, valued for his knowledge of locomotive design, maintenance, and operation, as he combined scientific knowledge with practical experience.

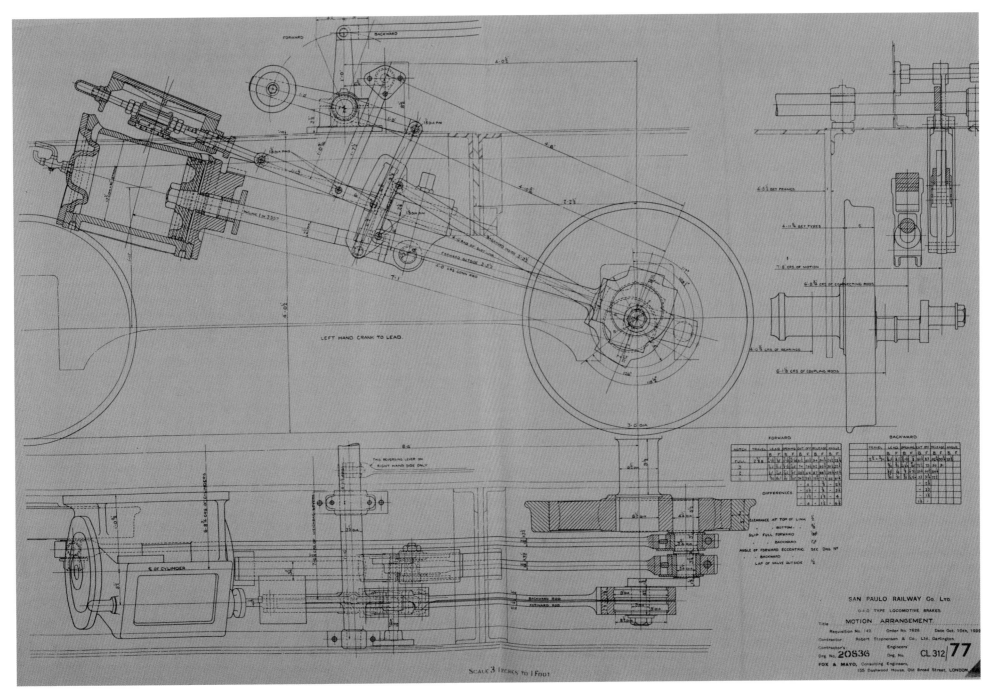

Modelo de breque para locomotivas, cujo desenho era necessário para a montagem do equipamento depois de desembarcado no Brasil.
O acervo de Charles Mayo possui uma pasta com dezenas de projetos e detalhes de peças como esta.

Locomotive break model whose design was necessary for the assembly of the equipment after unloaded in Brazil. Charles Mayo's collection has a folder with tens of designs and details of parts like this.

Interior de carro de primeira classe. No verso, no carimbo dos produtores The Birmingham Railway Carriage & Wagon, vê-se a data de 1928. Por estar próximo das demais fotos referentes à Buenos Ayres Pacific Railway, supomos que esta também se refira à Argentina.

Interior of first class car. On the back, the stamp of the manufacturers The Birmingham Railway Carriage & Wagon shows the date of 1928. As it is close to other photos referring to Buenos Ayres Pacific Railway, we assumed this one was about Argentina too.

pelo Professor Dalby, do Central Technical College, do City and Guilds London Institute, Charles já era um especialista em locomotivas, valorizado por seus conhecimentos para projetar, cuidar da manutenção e do funcionamento dessas máquinas, aliando conhecimentos científicos com saberes práticos.

Assim, vemos que este homem, nascido numa família de militares e clérigos da Igreja Anglicana, voltou sua formação e seu trabalho para as ferrovias, para o que mais pulsava na realidade em que vivia. Mais ainda, como um homem do seu tempo, Charles Robert Mayo dedicou-se às ferrovias na esfera da economia mundial que mais crescia no período: os braços do imperialismo britânico.

Sem pretender esgotar aqui as complexas explicações para a transformação que se operou no capitalismo mundial entre o final do século XIX e o começo do XX, podemos lembrar, novamente a partir de Eric Hobsbawm, quais os fatores

In this manner, we can see that this man, born to a family of military and Anglican Church clergymen, focused his education and work on the railways, on what was most vibrant in the world he lived in. More than that, as a man of his time, Charles Robert Mayo dedicated himself to the railways in the fastest growing area of the world economy: the expansion of British imperialism.

Without intending to provide the full extent of the complex explanations for the transformation that occurred in the worldwide capitalism between the late 19th century and early 20th century, we can resort to Eric Hobsbawm again to point at the factors that enabled the continuous growth of the industry into which Charles Robert Mayo ventured years later: the railway industry in the countries less economically developed than Britain, such as Brazil, China, and Argentina. For Hobsbawm, the strong economic crisis that occurred between 1873 and the mid-

Charles Heyland Fox. Imagem disponível em: http://www.mundia.com/br/Person/13910358/16352205. Acesso em 13/abril/2012.

Charles Heyland Fox. Image available in: http://www.mundia.com/br/Person/13910358/16352205. Access in April 13, 2012.

que possibilitavam que continuasse crescendo o setor no qual anos depois se embrenhou Charles Robert Mayo: a indústria ferroviária nos países de economia mais atrasada que a britânica, como o Brasil, a China e a Argentina. Para Hobsbawm, a forte crise econômica que vingou entre 1873 e a metade da década de 1890 gerou uma queda de preços assustadora e pôs abaixo a agricultura de vários países, mas pouco afetou a economia britânica, já que ali o campesinato era diminuto e a política econômica não abraçou as diretrizes protecionistas; ao contrário, defendeu a causa do comércio livre. À custa de afundar sua agricultura – os campos de trigo ficaram reduzidos a um terço entre 1875 e 1895 –, a Inglaterra prosperava na venda do que se produzia nas suas fábricas.[7]

De acordo com o que mostram os documentos de seu arquivo pessoal – ao menos aqueles que nos chegaram –, Charles Robert Mayo viveu décadas no

1890's generated a scary drop in prices and knocked out the agriculture of many countries. However, it hardly affected the British economy, where the rural population was small and the economic policy did not embrace protectionist guidelines. Much to the contrary, it championed the cause of free trade.

At the expense of sinking its agriculture with wheat fields being reduced to one third between 1875 and 1895, England prospered on the sale of what was produced in its factories.[7] According to the documents of his personal archive, or at least according to those that we got hold of, Charles Robert Mayo lived decades into the 20th century and took advantage from economic prosperity when he intermediated the trade between railway companies from other parts of the world and the British manufacturing industry, and when he sold English technology, one of the most precious assets of his country. Engineer Charles Robert Mayo worked through his firm, Fox & Mayo.

The London Gazette, em outubro de 1935, registra a saída dos Fox da firma Fox & Mayo. Disponível em: http://www.london-gazette.co.uk/issues/34203/pages/6168/page.pdf. Acesso em 02/abril/2012.

The London Gazette, in October 1935, records the Foxes' withdrawal from the firm Fox & Mayo. Available at: http://www.london-gazette.co.uk/issues/34203/pages/6168/page.pdf. Accessed on 02/April/2012.

século XX atuando justamente no sentido da pujança econômica ao mediar as compras entre companhias ferroviárias de outras partes do mundo e a indústria britânica, ao vender a tecnologia inglesa, uma das maiores preciosidades de seu país. Neste trabalho, o engenheiro Charles Robert Mayo atuava por meio de sua firma, a Fox & Mayo.

Grande parte dos documentos de Charles Robert Mayo que foram adquiridos neste lote da Sothebys referem-se à firma Fox & Mayo. Há, por exemplo, inúmeras fotografias que registram, ao longo de décadas, a atuação da empresa na consultoria para o fornecimento de peças e equipamentos ferroviários para a São Paulo Railway, para o governo chinês ou para a companhia argentina Buenos Aires Pacific Railway.

A Fox & Mayo aparece muitas vezes citada na história das ferrovias brasileiras.

Most of Charles Robert Mayo's documents that were bought in this batch from Sotheby's refer to the firm Fox & Mayo. There are, for example, countless photographs recording, along decades, the work of his company as they provided consultancy on the supply of railway parts and equipment to São Paulo Railway, to the Chinese government or to the Argentinean company Buenos Aires Pacific Railway.

Fox & Mayo is mentioned many times in the history of Brazilian railways. In fact, as early as the 1850's Fox's name was involved in the inception of São Paulo Railway. At that time, as we will see further ahead, Daniel Makinson Fox worked in the design of the railway that would link Santos, the biggest port in São Paulo's coast, to the city of Jundiaí, in the interior of the same province.

The firm Fox & Mayo, founded in Great Britain years after the construction of São Paulo Railway, was formed by the partnership between Charles Robert Mayo, Charles

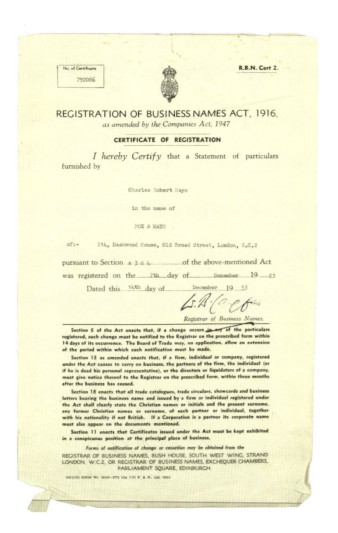
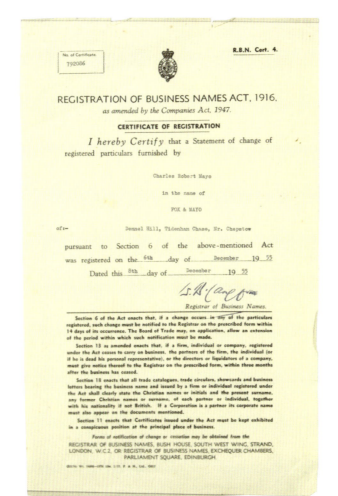

Registros da Fox & Mayo em 1953 e 1955.

Fox & Mayo Certificate of Registration, from 1953 and 1955.

Com efeito, ainda na década de 1850 o nome Fox estava envolvido no começo da São Paulo Railway. Naquele tempo, como veremos adiante, Daniel Makinson Fox trabalhou no projeto de construção da ferrovia que ligaria Santos, o porto maior do litoral paulista, à cidade de Jundiaí, no interior desta mesma província.

A firma Fox & Mayo, nascida na Grã-Bretanha anos depois da construção da São Paulo Railway, era formada pela sociedade entre Charles Robert Mayo, Charles Heyland Fox e Christian Eric Fox. Charles Heyland era nascido em São Paulo, filho de Daniel Makinson Fox e pai de Christian Eric.

A sociedade entre Mayo e os Fox desfez-se em 1935, como mostra a *London Gazette,* na página anterior.

Heyland Fox and Christian Eric Fox. Charles Heyland, shown in the photo, was born in São Paulo, and was the son of Daniel Makinson Fox and father of Christian Eric.

The partnership between Mayo and the Fox was dissolved in 1935, as shown in the London Gazette, *on the previous page.*

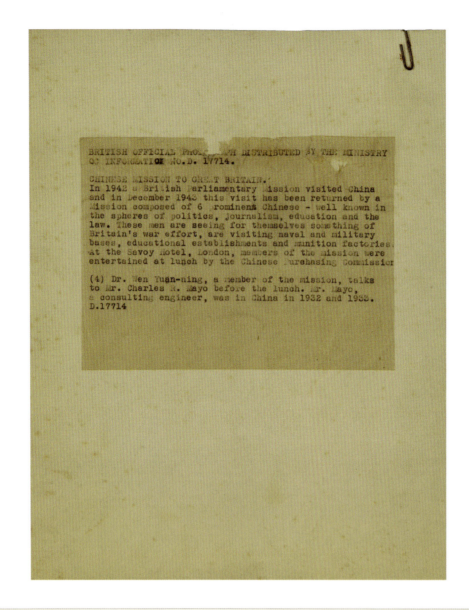

Fotografia enviada por chineses (na página seguinte) documenta Charles Mayo em conversa com Wen Yuan-ning no almoço oferecido para a Missão Parlamentar Chinesa que esteve em Londres em 1943.
Nas notações do verso da foto vemos que Charles Mayo visitou a China em 1932 e 1933 como engenheiro-consultor.

Picture sent by the Chinese (next page) records Charles Mayo talking to with Wen Yuan-ning in the lunch offered to the Chinese Parliamentary Mission that was in London in 1943.
In the notes on the back of the photo, we can see that Charles Mayo visited China in 1932 and 1933 as a consulting engineer.

Apesar da saída dos sócios, Charles Robert Mayo tocou a empresa adiante por décadas, com o mesmo nome; entre os documentos que escolheu guardar estão os registros da firma de Fox & Mayo de 1953 e 1955.

Na medida em que vão rareando no tempo os documentos de Mayo de que dispomos, turva-se a história que é possível contar sobre ele. Sabemos que o engenheiro faleceu em 1971, com mais de 90 anos de idade. Contudo, a imagem mais recente que temos de Charles Robert Mayo é de 1943, no Savoy Hotel, em Londres, onde está, aos 66 anos, num almoço oferecido para uma missão de seis personalidades chinesas em visita à Grã-Bretanha.

Although his partners left the company, Charles Robert Mayo ran the company for decades, under the same name. Among the documents he chose to keep are the records of the firm Fox & Mayo from 1953 to 1955.

As the Mayo's documents that we have become scarcer in time, it becomes more difficult to tell his history. We know that he died in 1971, more than 90 years old. However, the most recent picture we have of Charles Robert Mayo is from 1943, at the age of 66, at the Savoy Hotel in London, in a lunch offered to a mission of six Chinese personalities visiting Great Britain.

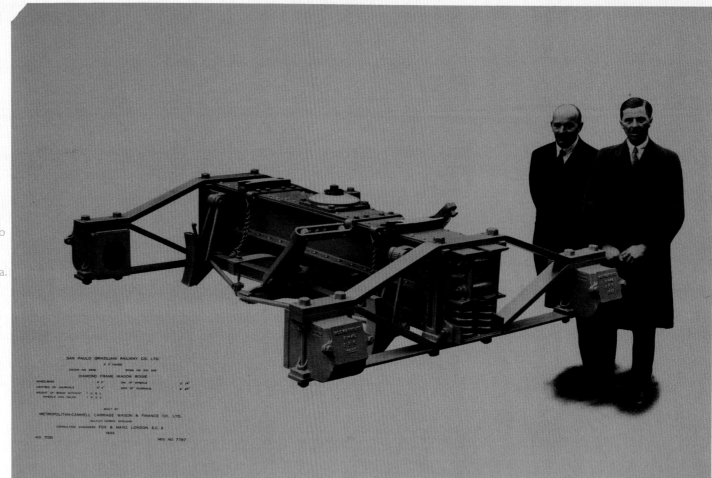

Fotomontagem de 1933 que atesta fornecimento de equipamento para a São Paulo Railway por meio da Fox & Mayo. Charles Mayo está à direita.

Photomontage of 1933 attesting the supply of equipment to São Paulo Railway through Fox & Mayo. Charles Mayo is on the right.

Nas fotografias que atestam fornecimento de equipamentos, notamos a repetição de três elementos:

1) o objeto da aquisição propriamente dita, produzido em fábricas nas mais variadas localidades britânicas – como atestam os carimbos de fotógrafos no verso das imagens;

2) os homens (em geral uma dupla formada pelo fabricante-fornecedor e pelo mediador da transação, o engenheiro-consultor) que atestam a operação realizada, isto é, que o pedido foi cumprido pelo fornecedor;

3) a placa, onde está descrito o objeto da transação e indicados o comprador, o fabricante e os engenheiros-consultores, neste caso os da firma Fox & Mayo.

In the photos which attest the supply of equipment, it is possible to note the repetition of three elements:

1) The object purchased, produced in factories in different British locations – as proven by the stamps of photographers on the back of the pictures.

2) Men – usually a pair formed by the manufacturer-supplier and by the intermediary of the transaction, the consulting engineer. This provides evidence of the transaction, that is, that the order was delivered by the supplier.

3) A plate which describes the object of the transaction and indicates the buyer, manufacturer and consulting engineers, in this case, the firm Fox & Mayo.

Mayo está na foto, é o homem à esquerda. Esta placa postada à frente era o formato mais usual para inserir informações na fotografia. Não sabemos a data em que foi tirada esta foto, um carimbo no verso marca a data de seu armazenamento: 1949.

Mayo is the man on the left in the photo. The plate posted at the front was the most usual way to show information in a photograph. We do not know the date when this photo was taken, as the stamp on its back records the date of its filing: 1949.

Fotografia sem data que atesta o fornecimento de carro de primeira classe para a Buenos Ayres Pacific Railway.

Undated picture attesting the supply of a first class car to Buenos Ayres Pacific Railway.

História para entender as fotografias e fotografias para entender a história

A maioria dos documentos que compõem a parte de que dispomos do arquivo pessoal de Charles Robert Mayo (1877-1971) é avulsa, alheia a uma ordenação cronológica ou temática, com exemplares de cartas e fotografias referentes a várias localidades e produzidas em datas diversas. Entre os documentos há, entretanto, duas coleções organizadas de imagens fotográficas que foram acondicionadas numa pasta de papelão cor-de-rosa e num álbum de capa dura preto.

Tanto a pasta rosa como o álbum preto trazem fotografias produzidas na década de 1920 e que mostram as linhas e instalações da São Paulo Railway entre Santos e a cidade de São Paulo, principalmente no trecho da Serra do Mar.

Estas séries de fotografias arranjadas na pasta rosa e no álbum preto podem ter sido montadas por funcionários da São Paulo Railway com o fim de informar Charles Mayo acerca do estado da ferrovia e, portanto, do que seria preciso

History to understand photographs and photographs to understand history

Most of the documents in Tejofran's lot which is part of the personal archive of Charles Robert Mayo (1877-1971) bear no connection with each other, and cannot be organized by time or theme. They comprise letters and photographs relating to several places and produced at different times. Among such documents there are, however, two organized collections of photographic images that were displayed in a pink cardboard folder and in a black hardcover album.

Both the pink folder and the black album have photographs produced in the 1920's, showing the tracks and facilities of the São Paulo Railway (SPR), between Santos and the city of São Paulo, particularly of the stretch along the Serra do Mar, a mountain range between São Paulo and Santos.

The series of photographs in the folder and the album may have been put together by the employees of the São Paulo Railway to inform Charles Mayo about the railway

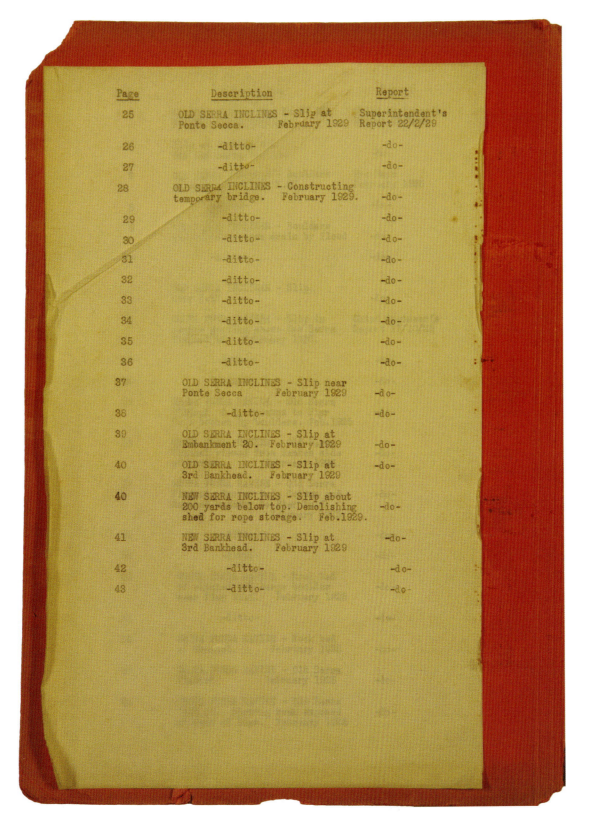

A pasta rosa abriga 43 folhas de papel pardo em tamanho A4, numeradas, com 2 ou 3 fotografias em cada uma.
No índice que abre a pasta, vemos o relatório produzido por "Dr.Mayo" em 1925.

The pink folder lodges 43 sheets of A4 Kraft paper, all numbered, with 2 or 3 photographs each.

In the folder's table of contents, we can see a report produced by "Dr. Mayo" in 1925.

Neste álbum de capa dura, medindo 25cm X 32cm, há 32 fotografias aéreas das linhas da São Paulo Railway no trecho de Santos a São Paulo; sob cada imagem há uma pequena legenda, com poucas informações técnicas numa etiqueta datilografada.

In the hardcover album, measuring 25cm X 32cm, there are 32 aerial photographs of São Paulo Railway's lines in the stretch from Santos to São Paulo. There is a brief legend under each image, with some technical information typed on a label.

adquirir para dar andamento às obras de manutenção que se mostravam de necessidade urgente. Podem, ainda, ter sido compostas pelo próprio Mayo – ou por gente de sua firma – como conjuntos de documentos que o engenheiro britânico usava para impressionar seus outros potenciais clientes, mostrando a dimensão dos problemas com que lidara no Brasil, a experiência que acumulara na consultoria à ferrovia em ambiente tropical.

Desde o seu surgimento, no século XIX, a fotografia tem sido vista como uma forma de registrar a realidade com bastante precisão. Justamente por isso é um instrumento útil na construção da história; em alguma medida, a realidade é registrada pela câmera fotográfica. Por outro lado, para bem compreender o que está registrado numa imagem fotográfica é essencial conhecer o contexto em que esta imagem foi produzida.

status and about what had to be acquired to do urgent maintenance work. They may also have been assembled by Mayo himself – or someone from his company – as a portfolio that he would use to impress his potential clients, showing the size and scope of problems he had dealt with in Brazil, and the experience he had amassed in providing consultancy to the railway in a tropical environment.

From its emergence in the 19th century, photography has been deemed as a quite accurate way to record reality. For this reason it is a useful instrument in constructing history. To some extent, reality is captured by the photographic camera. However, to thoroughly understand what is recorded in a photographic image, one must understand the context in which the image was produced.

In our case, it is crucial to know the history of São Paulo Railway to understand what the photographs of Mayo's collection show. The images, in turn, provide a more

No nosso caso, é fundamental que conheçamos a história da São Paulo Railway para compreender o que mostram as fotografias do acervo de Mayo, assim como, por sua vez, essas imagens permitem um entendimento mais acurado acerca do que se passava nesta companhia ferroviária na terceira década do século XX. Diferentemente do que em geral se estima, o exame mais detido dessas imagens e do que se passava na década de 1920 faz ver que a crise no transporte ferroviário brasileiro anunciou-se bem antes do crescimento das rodovias e da fabricação de automóveis no país.

Como toda parte de realidade – seja a que vemos com nossos olhos no presente, a que recortamos para estudo, a que representamos num desenho ou numa fotografia – as cenas retratadas nas fotografias da pasta rosa e do álbum preto contêm elementos que remetem a diversos tempos: há ali homens cuja vida iniciou-se algumas décadas antes da tomada fotográfica, há instrumentos de

accurate understanding about what was going on in that railway company in the 1930's. Contrary to what we might typically think, a more thorough examination of the images and of what was going on in the 1920's shows us that there was a crisis in Brazilian railway transportation long before the expansion of roadways and the manufacturing of automobiles in the country.

As is the case with any part of reality – be it what we see with our eyes in the present, what we select to study, or what we represent in a drawing or photograph – the scenes portrayed in the pink folder's and in the black album's photographs have elements that refer to different times. There are men whose lives started some decades before the picture was shot. There are work instruments whose technology dates back to a thousand years but that had been manufactured a few years before. There are landslides that took place months before. There are tunnels and viaducts that were

trabalho cuja tecnologia é milenar mas que foram fabricados apenas anos antes, há deslizamentos ocorridos nos meses anteriores, há túneis e viadutos que foram construídos nos meados do século XIX e há, ainda, as obras da segunda linha, construídas no final do Oitocentos, para ficar apenas nos elementos mais evidentes das imagens. Em cada porção de realidade, há sempre inúmeras camadas de passado, cada uma, inclusive, transformando-se numa velocidade própria.

Para bem conhecer essas fotografias, portanto, é preciso saber o que se passou nos períodos anteriores, entender como foram construídas as linhas e instalações da São Paulo Railway que ali estão expostas. Por outro lado, deve-se conhecer os elementos conjunturais daquelas cenas, que datam de meses ou poucos anos antes de as fotos serem tiradas.

Neste sentido, daqui em diante este livro divide-se em:

Parte II: A São Paulo Railway na segunda metade do século XIX

• a construção da primeira linha da São Paulo Railway, que foi inaugurada em 1867 e depois ficou conhecida como "Serra Velha";

• as obras de renovação e de construção da segunda linha da Santos-Jundiaí – a "Serra Nova", um pouco acima da primeira –, que começaram em torno de 1890 e terminaram no começo do século XX;

Parte III: A São Paulo Railway nas três primeiras décadas do século XX

• o sucesso da SPR até o começo da Primeira Guerra Mundial, em 1914;

• a crise da *Ingleza* nos anos de 1920.

Lembremos, contudo, que as imagens do passado importam não apenas por seu conteúdo, mas também porque podem mostrar outras formas de percepção daquela realidade e uma sensibilidade existente no passado que, de início, não caberiam transpostas em palavras escritas. Essas fotografias não mostram apenas o estado físico das linhas e das instalações da *Ingleza* nas montanhas da Serra do Mar nos anos de 1920, mostram também como esses elementos eram vistos naquele tempo, quais as preferências de quem fotografava e os recursos técnicos de que dispunha. Também em virtude disso essas imagens fotográficas são representações da realidade, são o que se apreendeu por meio de uma forma de enxergar que é própria do seu tempo.

As fotografias de ferrovias produzidas no século XIX primavam pela exposição da engenhosidade humana no domínio da natureza; em geral, eram imagens

built in the 1850's and there is also work on the second railway, built at the end of the 1800's, to mention just the more evident elements in the images. In each part of reality, there are always countless layers of past. Each one of them, in fact, is transformed at its own speed.

To be able to fully understand these photographs, therefore, one must know what went on in the previous periods, and understand how the railways and facilities of the São Paulo Railway displayed were built. Also, one must know the situational elements of those scenes, which date back to a few months or a few years before the pictures were taken.

This book will thus be divided here in:

Part II: *The São Paulo Railway in the second half of the 19th century*

• *Construction of the first São Paulo Railway line, that was inaugurated in 1867 and was later known as the "Serra Velha" (old Serra do Mar mountain range);*

• *Renovation and construction of the second Santos-Jundiaí railway line – the "Serra Nova" (new ridge), slightly above the first – started circa 1890 and ended in the beginning of the 20th century;*

Parte III: *The São Paulo Railway in the three first decades of the 20th century*

• *The SPR success until the beginning of World War I, in 1914;*

• *The company´s crisis of the 1920's.*

We should remember, however, that images of the past are relevant not only because of their content, but also because they can unveil other ways to perceive reality and the then-existing sensitivity that, at first, would not easily translate into written words. These photographs show not only the physical status of Ingleza's *railway lines and facilities in* Serra do Mar *in the 1920's, but also how these elements were portrayed at the time; the preferences of those that took pictures of it, and the technical resources available to them. It is also for this reason that these photographic images are representations of reality. These photos represent reality, as apprehended through a way to look at the world which is unique to its time.*

Railway photographs produced in the 19th century featured human ingenuity to master nature. They were typically images that showed the prevalence of railways for long distances with its viaducts and machinery and the vast unexplored land.[8] The pink folder and black album photographs, on the contrary, are filled with human work threatened by the fury of nature. They show accidents along the years as a repetition

que mostravam a prevalência da ferrovia sobre grandes distâncias e a imensidão de territórios ainda selvagens, com seus viadutos e maquinário.[8] Longe disso, as fotografias da pasta rosa e do álbum preto que veremos aqui estão repletas de obras humanas tomadas pela fúria da natureza, mostram os acidentes ao longo dos anos como uma repetição do imprevisto, onde os trabalhadores são sempre muitos e diminutos diante da montanha que a chuva botou abaixo.

Para se movimentar entre os muitos tempos de que tratamos aqui, é primordial ter em mente que:

• a data em que a fotografia foi tirada nem sempre coincide com o período apontado no texto, muitas vezes o texto conta a história de uma edificação da SPR que foi construída décadas antes de a imagem ser captada;

• há imagens que não fazem parte do arquivo pessoal de Charles Robert Mayo; foram trazidas para esta narrativa no sentido de iluminar ainda mais o entendimento sobre a história da SPR. Apenas essas imagens trazem a referência do acervo do qual foram retiradas. As demais pertencem ao acervo adquirido pela Tejofran.

of the unexpected, always featuring a mass of workers who look small relative to the huge mountain brought down by the rain.

To deal with the many different times we will approach here we have to bear in mind that:

• *The date in which the photograph was taken does not always coincide with the period described in the text. The text will quite often tell the story of an SPR building that was built decades before the image was captured;*

• *There are images that are not part of Charles Robert Mayo's personal archive. They were brought to this narrative to further shed light on the history of São Paulo Railway. These are the only images identified by the collection from which they were taken. The others belong to the collection bought by Tejofran.*

Notas referentes à Parte I

[1] As reflexões sobre arquivos pessoais aqui apontadas nasceram da leitura das seguintes obras: CAMARGO, Ana Maria de Almeida. *Arquivos pessoais: questões para um debate.*; COOK, Terry. Arquivos pessoais e arquivos institucionais: para um entendimento arquivístico comum da formação da memória em um mundo pós-moderno. *Estudos Históricos*. Rio de Janeiro, n.21, 1998, p.129-149; HEYMANN, Luciana Quillet. *De arquivo pessoal a patrimônio nacional:* reflexões sobre a construção social do "legado" de Darcy Ribeiro. Instituto Universitário de Pesquisas do Rio de Janeiro, 2009. Tese de doutoramento. Agradecemos as indicações à professora Marcia Eckert Miranda.

[2] Para uma reflexão próxima desta, ver: HOLANDA, Sérgio Buarque de. *O senso do passado*. COSTA, Marcos (org.). *Para uma nova história*. São Paulo: Fundação Perseu Abramo, 2004, p.101-104. Este texto de S.B. de Holanda foi originalmente publicado em 13/julho/1952, no *Diário Carioca*.

[3] O entendimento destes álbuns como documentos e como artefatos foi em grande parte inspirado nos seguintes textos: MENESES, Ulpiano Bezerra de. Memória e cultura material: documentos pessoais no espaço público. *Estudos Históricos*. Rio de Janeiro, v. 11, n. 21, p. 89-104, 1998; GUIMARÃES, Manoel Luiz Salgado. Vendo o passado: representação e escrita da história. *Anais do Museu Paulista*. São Paulo. Nova Série, v.15 n.2, p.11-30, jul-dez.2007; MENESES, Ulpiano Bezerra de. Visão, visualização e usos do passado. *Anais do Museu Paulista*. São Paulo, Nova Série, v. 15, p. 117-123, 2007; RAMOS, Francisco Régis Lopes. *A danação do objeto:* o museu no Ensino de História. Chapecó: Argos, 2004; WAAL, Edmund de. *A lebre com olhos de âmbar*. Rio de Janeiro: Intrínseca, 2011.

[4] Disponível em: http://www.nationalarchives.gov.uk . Acessado em: 12/abril/2012.

[5] HOBSBAWM, Eric. *A era dos impérios:* 1875-1914. Rio de Janeiro: Paz e Terra, 1988, p. 46 e ss.

[6] Idem, p.47-48.

[7] Ibidem, p.64-65.

[8] Ver FABRIS, Annateresa (org.). *Fotografia:* usos e funções no século XIX. São Paulo: Edusp, 1998; BARBOSA, Gino Caldatto e MEDEIROS, Marjorie de Carvalho F. de. *Militão Augusto de Azevedo:* São Paulo Railway – Álbum Estrada de Ferro. São Paulo: Magma, 2010, p.18-24 e p.32-41.

Footnotes referring to Part I

[1] The reflections about personal files here mentioned originated from the reading of the following references: CAMARGO, Ana Maria de Almeida. *Arquivos pessoais:* questões para um debate. COOK, Terry. Arquivos pessoais e arquivos institucionais: para um entendimento arquivístico comum da formação da memória em um mundo pós-moderno. *Estudos Históricos*. Rio de Janeiro, n.21, 1998, p.129-149; HEYMANN, Luciana Quillet. *De arquivo pessoal a patrimônio nacional:* reflexões sobre a construção social do "legado" de Darcy Ribeiro. Instituto Universitário de Pesquisas do Rio de Janeiro, 2009 (doctorate thesis). We thank Professor Marcia Eckert Miranda for her suggestions.

[2] For a similar reflection, see: HOLANDA, Sérgio Buarque de. O senso do passado. COSTA, Marcos (org.). *Para uma nova história*. São Paulo: Fundação Perseu Abramo, 2004, p.101-104. This text by S.B. de Holanda was originally published in July 13 1952, in *Diário Carioca*.

[3] Our understanding of these albums as documents and as artifacts was mainly inspired in the following texts: MENESES, Ulpiano Bezerra de. Memória e cultura material: documentos pessoais no espaço público. *Estudos Históricos*. Rio de Janeiro, v. 11, n. 21, p. 89-104, 1998; GUIMARÃES, Manoel Luiz Salgado. Vendo o passado: representação e escrita da história. *Anais do Museu Paulista*. São Paulo. Nova Série, v.15 n.2, p.11-30, jul-dez.2007; MENESES, Ulpiano Bezerra de. Visão, visualização e usos do passado. *Anais do Museu Paulista*. São Paulo, Nova Série, v. 15, p. 117-123, 2007; RAMOS, Francisco Régis Lopes. *A danação do objeto:* o museu no Ensino de História. Chapecó: Argos, 2004; WAAL, Edmund de. *A lebre com olhos de âmbar*. Rio de Janeiro: Intrínseca, 2011.

[4] Available at: http://www.nationalarchives.gov.uk . Acessed on April 12 2012.

[5] HOBSBAWM, Eric. *The age of Empire,* 1875-1914. New York: Vintage Books, 1989, p. 26-ss.

[6] Idem, p. 26-27.

[7] Ibidem, p.38-39.

[8] See FABRIS, Annateresa (org.). *Fotografia:* usos e funções no século XIX. São Paulo: Edusp, 1998; BARBOSA, Gino Caldatto e MEDEIROS, Marjorie de Carvalho F. de. *Militão Augusto de Azevedo:* São Paulo Railway – Álbum Estrada de Ferro. São Paulo: Magma, 2010, p.18-24 e p.32-41.

Primeira linha da São Paulo Railway em obras. Na imagem vemos a construção do 2º Patamar dos planos inclinados, ainda sem as obras de contenção de encostas. Foto: Militão Augusto de Azevedo, c. 1865. Acervo: Biblioteca Central da Escola Politécnica da USP.

Works in the first railway of SPR. The image shows the construction of the 2nd Plateau of the inclines, still before hillside retaining works. Picture: Militão Augusto de Azevedo, c. 1865. Collection: Central Library of Escola Politécnica/USP (University of São Paulo).

Parte II

A construção da São Paulo Railway: a primeira linha

Devido a sua grande relevância econômica e social, a trajetória da estrada de ferro The São Paulo Railway – SPR tem sido objeto de interesse crescente e muito já se escreveu sobre essa ferrovia. Graças à arrojada iniciativa do empresário Irineu Evangelista de Souza – o Barão de Mauá – de implantar uma ferrovia na Província de São Paulo ligando Jundiaí a Santos, cruzando a Serra do Mar, o isolamento de São Paulo pôde ser vencido.

O interesse do Barão de Mauá pela exploração de uma linha que ligasse o litoral ao interior paulista vinha da crença de que com ela seria possível escoar boa parte da produção cafeeira que naquela altura já avançava em direção ao centro da província de São Paulo.[1] A transposição da serra impunha numerosas dificuldades dado o grande desnível a ser vencido em uma distância muito pequena, o que demandava a realização de um rigoroso estudo de viabilidade. Mauá confiou essa

Part II

The construction of São Paulo Railway: the first line

Due to its large economic and social relevance, the history of São Paulo Railway – SPR has been the object of growing interest and much has been written about it. São Paulo was then isolated from the rest of the country. This came to an end thanks to the bold initiative of entrepreneur Irineu Evangelista de Souza – known as Barão de Mauá – *to implement a railway in the province of São Paulo to connect Jundiaí to Santos through* Serra do Mar *mountain range.*

Barão de Mauá's interest in exploring a railway line connecting the state coast to interior of the State of São Paulo stemmed from his belief that it could be used to transport a large part of the state's coffee production. At that time, coffee plantations were expanding inland.[1] Transposing the Serra do Mar *mountain range posed several difficulties given the huge difference in height that had to be overcome in a very short distance. A thorough feasibility study was needed. Mauá entrusted the task to one of*

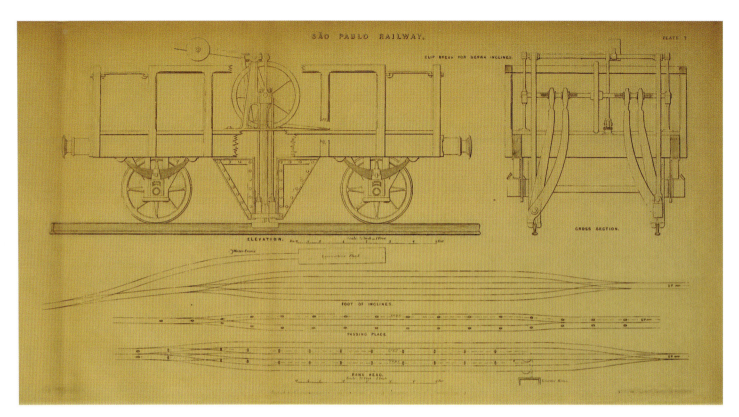

Desenho que mostra o carro serra-breque e o esquema de operação do funicular, sistema que viabilizou a subida e a descida das composições na serra. Fonte: FOX, Daniel Makinson. Description of the line and works of the São Paulo Railway in the Empire of Brazil. In: *Minutes of proceedings of the Institution of Civil Engineers with abstracts of the discussions*. Vol XXX. Session 1869-70 - Part II. London, ICE, 1870. prancha 7, p.61.

Drawing showing the brake van and the funicular operation. The system enabled trains to climb up and down the mountain. Description of the line and works of the São Paulo Railway in the Empire of Brazil. In: Minutes of proceedings of the Institution of Civil Engineers with abstracts of the discussions. Vol XXX. Session 1869-70 - Part II. London, ICE, 1870. Board 7, p.61.

tarefa a um dos mais conceituados engenheiros britânicos da época vitoriana, o escocês James Brunlees, responsável pela construção de várias ferrovias na Europa e na América do Sul.[2]

Para o trabalho de campo, Brunlees contratou o engenheiro Daniel Makinson Fox que, apesar de jovem, tinha experiência em construção de linhas férreas em áreas montanhosas, tendo trabalhado no País de Gales e nos Pirineus espanhóis.[3] Depois de quinze meses de levantamento de campo, Fox concluiu que a maneira mais adequada para se movimentar os trens em um ambiente tão peculiar seria por meio de cabos de aço. Para viabilizar a construção, dividiu a linha em três segmentos: o primeiro partia de Santos e chegava até o início da serra, em um local denominado Piassaguera. O segundo situava-se na subida da serra, e a terceira e última parte do trajeto seguia do ponto mais alto do percurso até o final da linha, em Jundiaí.

the most renowned British engineers of Victorian times, the Scottish James Brunlees, responsible for building several railways in Europe and South America. [2]

Brunlees hired the engineer Daniel Makinson Fox to perform the fieldwork. Although young, Fox had experience in building railways in mountainous areas, and had worked in Wales and in the Spanish Pyrenees.[3] After fifteen months surveying the area, Fox concluded that the most suitable way to move the trains in such peculiar environment would be to use steel cables. To make construction feasible, he divided the railway into three segments: the first started in Santos and would stretch to the beginning of the slope, at a place called Piassaguera. The second was the climbing of the mountain range, and the third and last section went from the peak of the slope to the end of the railway, in Jundiaí.

The first stretch, although comprising an extensive swamp area, did not pose many

Início dos trabalhos de construção da linha da São Paulo Railway Company onde podemos notar a retirada de uma grande quantidade de cobertura vegetal, futura fonte de problemas para a empresa, pois a fragilidade do solo somada à grande precipitação pluviométrica da região provocará sistemáticos deslizamentos de terra, alguns deles produzindo estragos consideráveis na linha férrea.
Acervo: Extinta Rede Ferroviária Federal.

Beginning of construction works in São Paulo Railway line. Here we can see the removal of large amounts of vegetation. This would be a future source of problems for the company, since the soil brittleness together with the region's high rainfall patterns provoked frequent landslides that considerably damaged the railway line. Collection: former Rede Ferroviária Federal (Federal Railway Network.)

O primeiro trecho, embora fosse constituído por uma extensa área pantanosa, não apresentava grandes problemas técnicos a enfrentar,[4] requerendo apenas algumas pontes junto aos rios Casqueiro, Capivari, Cubatão, Piassaguera e Mogi.[5] O terceiro e último trecho da São Paulo Railway também apresentava pouca complexidade, com exceção de um túnel de cerca de 590 metros que se construiu na região de Botujuru, no atual município de Campo Limpo Paulista. Como previsto, as maiores dificuldades concentravam-se no trecho localizado em plena serra.

A transposição da Serra do Mar impôs grandes esforços dado o desnível de 780 metros, a ser vencido em uma distância de aproximadamente oito quilômetros. Para ultrapassá-lo, o trecho foi dividido em quatro declives, cada um com comprimento de pouco mais de dois quilômetros e inclinação média de 9,75%. Um patamar com uma linha de 76,2 metros e inclinação de 1,3%, uma casa de força

technical problems.[4] It merely required some bridges over the rivers Casqueiro, Capivari, Cubatão, Piassaguera, and Mogi.[5] The third and last stretch of the São Paulo Railway was not very complex either, except for a 590-meter-long tunnel that was built in the region of Botujuru, in the current municipality of Campo Limpo Paulista. As expected, the greatest difficulty lay in the stretch located in the ridge itself.

Transposing Serra do Mar demanded great effort given the steep 780 meters that had to be climbed in a distance of approximately eight kilometers. To be dealt with, the stretch was divided into four inclines, each slightly longer than two kilometers and with average inclination of 9.75%. Each incline had a 76.2 meter long railway and a grade of 1.3%, a powerhouse and a fixed steam machine to pull the cables.

The solution chosen and implemented by Fox to overcome the segment consisted in the transportation of train wagons by means of a system known as funicular: steel

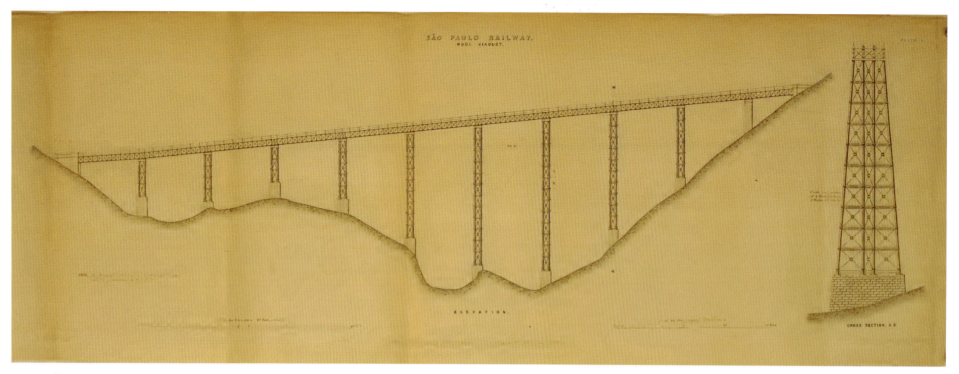

Elevação e corte do viaduto sobre o vale do rio Mogi, também chamado de Grota Funda. Uma das obras-de-arte mais importantes da primeira linha construída pela São Paulo Railway.
Fonte: FOX, Daniel Makinson. Description of the line and works of the São Paulo Railway in the Empire of Brazil. In: *Minutes of proceedings of the Institution of Civil Engineers with abstracts of the discussions.* Vol XXX. Session 1869-70 - Part II. London, ICE, 1870 p. 59.

Elevation and section of viaduct over the valley of the Mogi River, also known as Grota Funda. The viaduct is one of the most important artworks in the first railway built by São Paulo Railway.
Source: FOX, Daniel Makinson. Description of the line and works of the São Paulo Railway in the Empire of Brazil. In: Minutes of proceedings of the Institution of Civil Engineers with abstracts of the discussions. Vol XXX. Session 1869-70 - Part II. London, ICE, 1870 p. 59.

e uma máquina fixa a vapor para tracionar os cabos foram dispostos em cada um dos declives.

A solução escolhida e implantada por Fox para vencer este segmento consistia no transporte das composições férreas por meio de um sistema conhecido como "funicular": no topo de cada um dos quatro patamares ficavam os cabos de aço que eram tracionados por máquinas fixas e que também se prendiam a um veículo a vapor denominado serra-breque; todo esse conjunto tinha a função de subir e descer os carros e vagões, acoplados a ele em contrapeso. No meio do percurso, em um trecho de linha dupla, ocorria o cruzamento das composições que iam e vinham do litoral. Estas eram desfeitas e recompostas em Piassaguera e no Alto da Serra – ou Paranapiacaba, como este lugar era chamado pelos indígenas que habitavam a região.

cables lay on top of each one of the four plateaus. They were pulled by fixed machines that were also connected to a steam vehicle called brake van. The whole system worked to bring trains and wagons up and down, which were coupled to it as counterbalance. In a two-way stretch in the middle of the way, the trains coming from and going to the seaside crossed. They were then de-coupled and regrouped in Piassaguera and at the top of the range – or Paranapiacaba, as the place was called by the Native Indians that inhabited the region.

Vista do Viaduto da Grota Funda na década de 1920.

View from Grota Funda *Viaduct in the 1920's.*

Base de um dos pilares do Viaduto Grota Funda, danificado após desmoronamento provocado pelas intensas chuvas que atingiram a Serra do Mar na década de 1920.

Base of one of the pillars of Grota Funda *Viaduct, damaged after the landslide provoked by the intense rains that hit* Serra do Mar *in the 1920's.*

A topografia e o clima da Serra do Mar, com fortes precipitações pluviométricas, exigiram a execução de obras de drenagem e contenção de encostas, além de aterros, pontes e viadutos. O mais impressionante deles localizava-se no início do quarto patamar, sobre a chamada Grota Funda. Construído em curva, este viaduto de 214 metros de comprimento em declive, e uma altura máxima de quase 49 metros, foi considerado uma das mais belas obras-de-arte executadas no Brasil no século XIX.

Na pasta rosa, o relatório de 1925 traz fotografias tiradas em fevereiro daquele ano. Todas as imagens deste relatório do engenheiro-chefe mostram a Grota Funda, principalmente este viaduto da primeira linha, da "Old Serra", e os estragos que sofrera nos deslizamentos.

The Serra do Mar *topography and climate, with heavy rainfall, demanded work to drain and retain hillsides, in addition to landfills, bridges and viaducts. The most impressive one was located in the beginning of the fourth plateau, over the so-called* Grota Funda. *Built in a curve, this 214-meter long viaduct in an incline, and maximum height of almost 49 meters was considered one of the most beautiful works of art built in Brazil in the 19th century.*

In the pink folder, a report from 1925 brings photographs taken in February of that same year. All images of this report written by the chief engineer show Grota Funda, *particularly this viaduct in the first railway of "Serra Velha", and the damages it suffered during landslides.*

The black album, in turn, shows a picture of Grota Funda *between 1928 and 1929,*

No álbum preto, por sua vez, há uma fotografia que mostra a Grota Funda entre 1928 e 1929, período em que a segunda linha, executada em uma cota mais elevada em relação à primitiva, encontrava-se em funcionamento há mais de trinta anos.

Várias descrições sobre a travessia da serra citam o viaduto da Grota Funda como exemplo de arrojo e audácia da engenharia britânica; dentre elas destacamos a do médico e político Joaquim Floriano de Godoy em 1875:

> *Na subida dos três primeiros planos inclinados, depois de quinhentos e sessenta metros acima do nível do mar, o viajante, surpreendido e enlevado pelo espetáculo grandioso dos vales que o circundam, pelo rumorejar das cascatas e cursos d'água, que se insinuam e desaparecem entre as anfractuosidades dos rochedos e das matas virgens, pela sensível variante atmosférica, por todas essas belezas infinitas da criação; transpõe maravilhado o grande viaduto que imortalizou no Brasil o nome do engenheiro Brunlees, e constitui a obra-prima do caminho de ferro de S. Paulo.[6]*

Apesar do porte das obras-de-arte no trecho da Serra, as frequentes chuvas e o solo muito suscetível a deslizamentos causariam problemas recorrentes à SPR, interrompendo vez por outra o tráfego de trens.[7] A qualidade das construções também foi muito questionada pelos técnicos designados pelo governo para fiscalizar a construção da linha. Os relatórios elaborados por eles, muitas vezes, continham denúncias graves sobre o modo como algumas edificações eram executadas:

> *São péssimas as estações de passageiros e mercadorias em Santos, por causa da falta de acomodações para uns e outros. A primeira, além das insignificantes salas de espera, de não ter escritório de telégrafo, nem salas de recepção e distribuição de bagagens, tem uma plataforma tão pequena para embarque e desembarque de passageiros, que apenas dará lugar a uma locomotiva e quatro carros. A estação de mercadorias é insuportável. Há diversos negociantes em Santos que possuem, para os únicos negócios de sua casa, armazéns maiores do que a estação de mercadorias a que refiro-me, na qual devem entrar todos os produtos de importação e exportação da província de S. Paulo: tal estação não deve ser aceite pelo governo.[8]*

period in which the second railway, built in a higher level compared to the first, had been in operation for more than thirty years.

Several descriptions of travels on the mountain range make reference to the Grota Funda *viaduct as an example of the boldness and audacity of British engineering. In the words of the physician and politician Joaqui m Floriano de Godoy in 1875:*

> *When going up the three first inclines, past five-hundred and sixty meters above the sea level, travelers are surprised and marveled by the grand spectacle of the surrounding valleys, by the gurgling waterfalls and watercourses winding down and disappearing among rock cavities and virgin forests; by the striking atmospheric variance; by all these infinite beauties of creation. They will then transpose in wonder the large viaduct that made the name of the engineer Brunlees immortal in Brazil, and that is the masterpiece of São Paulo Railway.[6]*

Despite all the works of art along the slope, frequent rains and a soil that was very susceptible to landslides would cause recurrent problems to the SPR, and frequently disrupt train traffic.[7] The quality of construction also was also much challenged by the technicians appointed by the government to inspect the railway works. Their reports would quite often include severe criticism about the way some of the construction was performed:

> *Passenger and cargo stations in Santos are terrible, due to lack of proper accommodations. As for the passenger station, the waiting room is far too small; there is no telegraph office, nor reception or luggage distribution rooms. The boarding platform is so small that it can only accommodate one locomotive and four wagons. The cargo station is unbearable. There are several merchants in Santos that have larger warehouses for their businesses alone than the referred cargo station, which should handle all import and export products of the province of São Paulo. Such station should not be accepted by the government.[8]*

Estes e outros problemas foram parcialmente resolvidos graças à ação desses fiscais, que exigiam melhorias nas obras antes de aprová-las. Mesmo assim, a má execução de muitos trechos demandou obras complementares, inclusive com a linha já em operação.

Finalmente, em 1867, depois de mais de treze anos de obras, a primeira ferrovia paulista é inaugurada: The São Paulo Railway Company, ou *Ingleza*. Comandada exclusivamente por acionistas britânicos – uma vez que Mauá fora retirado do negócio –,[9] alcança sucesso rapidamente, tanto no transporte de cargas quanto no de passageiros, superando as mais otimistas expectativas e garantindo à companhia resultados financeiros imediatos e duradouros. A SPR foi o empreendimento ferroviário privado mais lucrativo do país, e possivelmente da América Latina, gerando lucros excepcionais a seus acionistas, graças ao controle exclusivo do acesso ao litoral santista que manteve durante oitenta e dois anos. Foi também uma exceção no panorama das demais ferrovias brasileiras, quase sempre às voltas com dificuldades de ordem técnica e operacional e administrações suspeitas, entre outros fatores que as inviabilizavam comercialmente.

Este sucesso também foi possível, este sucesso foi possível porque ao estabelecer a ligação litoral-interior a SPR obteve o monopólio no acesso ao porto de Santos, obrigando os cafeicultores a financiar a construção de outras ferrovias que se conectassem à SPR e a se submeterem às tarifas e à operação da *Ingleza* para alcançarem o litoral.

Graças à associação cafeicultura-ferrovia, em menos de uma década a Província de São Paulo contava com uma abrangente malha ferroviária que integrava e desenvolvia cidades e regiões recém-desbravadas.

Em Santos, a atividade portuária se fazia presente desde o século XVI. Mas foi a chegada da SPR na década de 1860, juntamente com a modernização do porto no final do século XIX, que definiram de forma indelével a paisagem do centro da cidade, transformando Santos num importante centro de comércio cafeeiro.

Em Jundiaí, no outro extremo da linha, a implantação da ferrovia em uma área de fundo de vale, afastada do centro histórico, modificaria a direção do crescimento do núcleo urbano, permitindo a instalação de outras ferrovias e de diversas fábricas e indústrias ao longo do leito férreo, o que provocou mudanças no perfil econômico do município a partir do último quartel do século XIX.

These and other problems were partially solved thanks to the work of such inspectors, who demanded improvements before approving the construction works. Still, poor execution of many sections demanded complementary work, even when the railway was already in operation.

Finally, in 1867, after more than thirteen years of work, the first railway in São Paulo was inaugurated: the São Paulo Railway Company, or Ingleza, *as it was to be also known in Brazil. Led exclusively by British stockholders since Mauá had been removed from the business,[9] it reached fast success, in the transportation of both cargo and passengers, thus exceeding the most optimistic expectations and ensuring immediate and long-lasting financial results. SPR was the most profitable railway business of the country, and possibly of the entire Latin America, generating exceptional profits to its shareholders thanks to the exclusive control of the access to Santos coast that the company held for eighty-two years. It was also an exception as compared to other Brazilian railways, which almost always struggled with technical and operational difficulties and questionable management, among other factors that made them commercially unfeasible.*

Success also came because, by connecting the seaside to the inland, SPR gained monopoly over access to the port of Santos. This forced coffee famers to finance the construction of other railways that would connect to SPR and to accept the fees and operation of Ingleza *to reach the seaside.*

Thanks to the association between coffee farmers and the railway, the Province of São Paulo built an extensive railway network that integrated and contributed to develop the recently founded cities and the regions that were being occupied at that time.

In Santos, port activities had been going on since the 16th century. But Santos became an important hub in the coffee trade with the SPR in the 1860's, together with the modernization of the port at the end of the 19th century. This defined the landscape of the city center.

In Jundiaí, at the other end of the railway, its implementation in an area in the trough of a valley, away from the historic center, eventually changed the direction of urban growth, and enabled the installation of other railways and several factories and industries along the railway. This altered the municipality's economic profile as of the last quarter of the 19th century.

Na imagem do final da década de 1920, vemos quão profundo era o vale sobre o qual se edificaram os dois viadutos – da primeira e da segunda linhas – e a dimensão dos estragos causados pelas chuvas naquele período. Vejam-se também as notações a caneta que tentavam propor um novo traçado para a linha velha, mais retilíneo que o original, cortando a carne da montanha, obrigando à construção de um túnel, apontado no desenho com saída e entrada.

The image from the 1920's decade shows the deep valley over which the two viaducts – from the first and second railway lines – were built and the extension of the damages caused by the rain in the period. See also the pen-written notes trying to propose a new plan for the old railway, straighter than the original one, cutting into the flesh of the mountain. This would require the construction of a tunnel, with exit and entrance as marked in the drawing.

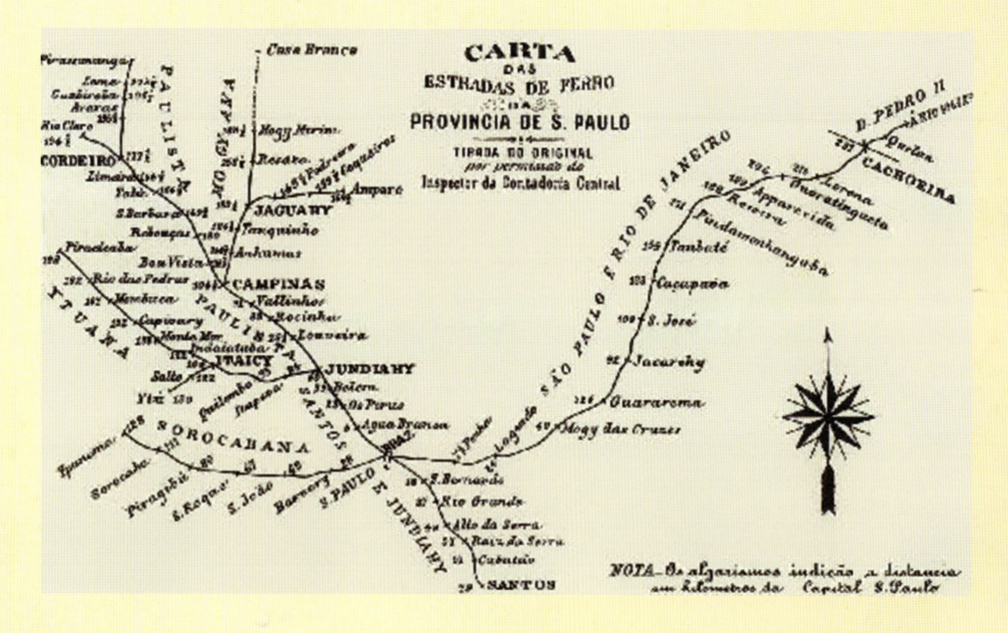

Mapa das ferrovias de São Paulo no final da década de 1870
Fonte: Indicador de São Paulo para 1878.

São Paulo railway map at the end of the 1870's
Source: Indicador de São Paulo para 1878.

Em 1868, surge a primeira ferrovia criada pelos fazendeiros para se conectar com a São Paulo Railway: a Companhia Paulista de Vias Férreas e Fluviais. Sua linha entrou em operação em 1872, inicialmente ligando Campinas a Jundiaí, onde se juntava aos trilhos da SPR. Posteriormente, estende sua via à região de Rio Claro, São Carlos e Araraquara, entre outras.

Os demais caminhos de ferro paulistas também são implantados seguindo esse modelo, conectando-se à SPR em Jundiaí, caso da Companhia Ituana (1871), ou em São Paulo, caso da Estrada de Ferro Rio-São Paulo (1871) e da Estrada de Ferro Sorocabana (1872).

Já a Companhia Mogiana de Vias Férreas e Fluviais (1875) e a Estrada de Ferro Araraquara (1895) manterão suas sedes, respectivamente, em Campinas e Araraquara, tendo por isso de se interconectar aos trilhos da Companhia Paulista para ter acesso a Santos.

The first railway created by farmers to connect their land with the São Paulo Railway was built in 1868 - Companhia Paulista de Vias Férreas e Fluviais. The railway started operating in 1872, and initially connected Campinas to Jundiaí, where it connected to SPR's tracks. It was later extended to the region of Rio Claro, São Carlos and Araraquara, among others. Other railways in São Paulo were also implemented following the same model, such as Companhia Ituana (1871), whose tracks connected to SPR in Jundiaí, and the Rio-São Paulo Railway (1871) and the Sorocabana Railway (1872), whose tracks connected to SPR's in São Paulo. Companhia Mogiana de Vias Férreas e Fluviais (1875) and the Araraquara Railway (1895) kept their head offices in Campinas and Araraquara, respectively. They thus had to interconnect to the Companhia Paulista railway to have access to Santos.

A Serra Nova:
a segunda linha da São Paulo Railway

Quando se encerrava o período monárquico brasileiro e começava a República, no final da década de 1880, a atividade cafeeira já tinha consolidado o Sudeste como o centro vital da economia do país. Nos meados da década de 1890, o porto de Santos já ultrapassara o porto do Rio de Janeiro no volume de café exportado e o paulista Prudente de Moraes assumiu a Presidência da República, encerrando aquele período dos militares no comando da nação e iniciando a hegemonia política dos paulistas. Na verdade, o vigor econômico dos paulistas foi se entranhando na construção de sua imagem política:

"A imagem de São Paulo como 'locomotiva do Brasil', arrastando uma série de vagões vazios, é inequívoca nesse sentido. Essa ideia é também a fonte da legitimidade do poder do fazendeiro e do industrial: progressista e promotor da modernidade do país, é justo que tenha o mando político da nação.(...)"[10]

Serra Nova:
the second São Paulo Railway line

In the late 1880's, the monarchy of Brazil was coming to an end and the Republic was about to begin. Coffee had already made the Southeast the vital hub of the country's economy. In the mid 1890's, the Port of Santos had already surpassed Rio de Janeiro in volume of coffee exported. São Paulo's native Prudente de Moraes became the country's first civilian president, thus putting an end to the initial period of the Brazilian Republic (called the First Republic), when the military ruled. In fact, São Paulo's economic strength supported the construction of its political image:

"The image of São Paulo as 'Brazil's locomotive', dragging a series of empty wagons, is unequivocal. This idea is also the source of the legitimacy of the power of farmers and industrialists. They are progressive and promote the country's modernity. It is only fair that they have political command of the nation(...)"[10]

Vista das duas linhas da SPR após as chuvas. Mesmo apresentando melhorias técnicas significativas em relação à linha primitiva, o leito da Serra Nova também sofreu as consequências das fortes precipitações pluviométricas ocorridas em 1928.

View of two SPR railway lines after the rains. In spite of significant technical improvements as compared to the first railway line, Serra Nova's bed also suffered the consequences of the strong rains that fell in 1928.

Neste cenário do começo da era republicana, acirraram-se as críticas ao desempenho da SPR por parte dos políticos, fazendeiros de café e órgãos da imprensa, que pediam com veemência a sua encampação pelo governo. De acordo com o contrato de concessão firmado ainda nos anos de 1850, a encampação da Ingleza poderia ocorrer em 1897, pois a cada trinta anos decorridos do início das operações da linha o governo inspecionaria a ferrovia e, se ficasse comprovado que ela não prestava bons serviços, a concessão aos ingleses seria cancelada e a companhia seria absorvida pelo estado.

Desde a metade dos anos de 1880 houve uma boa elevação do preço do café no mercado internacional, estimulando o investimento na cafeicultura. Nesse quadro altamente favorável, em 1896 a safra brasileira aumentou cem por cento sobre a média do quinquênio anterior.[11] São Paulo, então, já se tornara o maior produtor de café do país, respondendo por dois terços da produção. A maior parte desse

It was in this scenario, in the early days of the Republic, that politicians, coffee growers and the press started to criticize the performance of SPR and vehemently ask for it to be expropriated by the government.

The concession agreement signed in the 1850's established that the Ingleza *could be expropriated as of 1897. According to the terms of the agreement, the government would inspect the railway every thirty years after the beginning of operations. If it concluded that SPR rendered poor services, the concession to the British would be cancelled and the company would be nationalized.*

Since the mid 1880's, high increases in coffee prices in the international market gave rise to investments in coffee plantations. In this highly favorable scenario, in 1896 the Brazilian harvest increased by one hundred percent over the average of the previous five years.[11] The state of São Paulo had already become the country's largest coffee producer by then, accounting for two thirds of the production. Most of

Em artigo publicado na edição de 19 de dezembro de 1891 do jornal *O Estado de S. Paulo*, assinado por "Um Paulista", a duplicação da linha já existente era defendida como a solução para a crise dos transportes.

In an article published in the issue of December 19, 1891, in the newspaper O Estado de S. Paulo, signed by "A native from São Paulo", the duplication of the existing railway line was defended as the solution for the crisis in transportation.

2

Moção de confiança — E' bem possivel que um deputado camista apresente hoje á Camara uma moção cahido ao Governo apoio para garantir a paz publica.

SECÇÃO LIVRE

A crise dos transportes e o meio de resolvel-a

III

Em nosso ultimo artigo deixamos provado que, quando mesmo fosse o ministerio da agricultura competente para fazer a concessão de uma nova linha ferrea de Campinas a Santos, esta concessão devia ser feita á Companhia Paulista, de preferencia a qualquer outra empreza do Estado, em vista das vantagens offerecidas na proposta que a mesma em tempo apresentou áquelle ministerio.

Mas, nem o ministerio da agricultura é hoje competente para resolver a questão, nem a crise de transportes, que sobreveiu mais cedo do que geralmente se esperava e ora afflige o commercio e a lavoura, comporta solução tão demorada qual a que viria proporcionar-lhe a construcção de uma nova linha de Santos a Campinas nos termos das concessões solicitadas.

No presente, por quasi absoluta falta de trabalhadores e de materiaes de toda a especie é com extrema difficuldade e lentidão que se realisam obras de minima importancia, julgamos, sem exaggero algum, que em menos de meia duzia de annos não se conseguiria construir qualquer das pretendidas linhas do interior a Santos, na extensão de cerca de 250 kilometros.

Convém ainda considerar que qual...

Convém ainda considerar que qualquer dellas depende de concessão legislativa, o que vale dizer que nenhuma poderia si quer começar a ser explorada em menos de um anno desta data.

Deante das circumstancias a solução mais conveniente, o que urge é entrarem as duas grandes companhias, de estradas de bitola larga em accordo para dobrarem as respectivas linhas no mais breve prazo possivel.

E dobradas que sejam as linhas de bitola larga, no proprio leito de cada uma dellas, deverá ser intercalada uma completa via estreita, destinada ao trafego dos trens desta bitola.

Convirá o governo intervir para a fixação tanto do prazo, em que deveriam ficar concluidos os trabalhos como do material rodante que cada companhia seria obrigada a manter em trafego bem como do augmento gradual que deveria fazer.

As linhas a construirem-se, desta maneira são linhas que, por assim dizer, já se acham exploradas e locadas, com estações e mais edificios levantados, possuindo ao lado o grande recurso de uma estrada em trafego para facilitar-lhes os trabalhos de movimento de terras e outros. Nessas condições bem poderiam ficar promptas em metade do tempo que qualquer outra exigiria.

Accresce que a construcção destas linhas independe de concessão legislativa, e que, portanto, resolvida a sua construcção, dentro de poucos dias já poderiam ser iniciados os trabalhos.

Desta fórma, incontestavelmente, o commercio e a lavoura ficariam muito melhor servidos, por ser o traçado das duas linhas largas, Paulista e Ingleza, a mais curta e melhor direcção de Campinas a Santos, além de que teriamos assim não sómente duas linhas de bitola larga mas tambem duas linha de bitola estreita uma para a importação e outra para exportação, cujos trens poderiam ser rebocados pelas proprias locomotivas de bitola larga correspondentes fazendo-se assim todo o trafego das linhas estreitas, em pleno regimen e com todas as vantagens de...

...mento duas linhas de bitola larga mas tambem duas linha de bitola estreita uma para a importação e outra para exportação, cujos trens poderiam ser rebocados pelas proprias locomotivas de bitola larga correspondentes fazendo-se assim todo o trafego das linhas estreitas, em pleno regimen e com todas as vantagens de bitola larga.

Resolvida a questão desta maneira, só na travessia da serra teria a Ingleza de recorrer a traçado differente e de construir linha inteiramente nova.

Entimos que as duas grandes companhias se acham dispostas a realisar o notavel melhoramento.

Tendo já a directoria da Paulista solicitado e obtido da respectiva assembléa geral de accionistas a precisa auctorisação, e, por seu lado, tendo a directoria da S. Paulo Railway, em recente reunião geral de seus accionistas, manifestado os mesmos desejos, tornando a sua resolução apenas dependente de accordo com o governo da União, é de esperar que brevemente esteja tomada a providencia que é hoje a maior e mais urgente necessidade do Estado de S. Paulo.

Este é o voto de

Um paulista.

São Paulo Railway Company (1)

No «Estado de São Paulo» de hoje a «Companhia Paulista de Vias Ferreas e Fluviaes», pretendendo destruir a minha contestação, de hontem, ás arguições feitas por ella contra esta estrada de ferro no «Diario Popular» do dia 9 e no «Correio Paulistano» do dia 11 do corrente, tentando arredar de si a responsabilidade da demora do transporte, devida á falta de material rodante adequado estrada de ferro. Mas reconhece, que, em vez de apoiar qualquer inexactidão nas minhas affirmações, tenta de novo confundil-a, jogando com um jogo de phrases, cuja fim evidente é só o levantar poeira, na esperança de descredito? do que era feito.

(1) Tendo sido por esquivoco extrahido de seu original um paragrapho deste artigo, á publicação novamente.

Vista das linhas da Serra Velha e da Serra Nova em 1928, após intensas chuvas. A segunda via construída pela SPR no final do século XIX situava-se em uma cota mais alta que a anterior, além de apresentar um número maior de obras-de-arte como viadutos, túneis e proteção das encostas.

View of Serra Velha *and* Serra Nova *railway lines in 1928, after intense rains. The second line built by SPR in the end of the 20th century was higher than the previous one, in addition to presenting a greater number of works of art such as viaducts, tunnels, and hillside retention works.*

café passava pelos planos inclinados da Serra do Mar, com as limitações que eles impunham quanto ao número de vagões que podiam circular em cada composição. A São Paulo Railway ainda atendia a demanda, mas de forma cada vez mais precária, pois o sistema estava próximo do esgotamento, exposto aos imprevistos causados por acidentes ou chuvas muito fortes, que levavam à interrupção do tráfego entre Santos e a capital. Além do mais, o crescimento econômico inflava o consumo no Sudeste, aumentando o volume das importações e tornando amplos setores do comércio cada vez mais dependentes do transporte monopolizado pela *Ingleza*.

Portanto, quando a grande demanda de café para exportação pôs em xeque a capacidade dos planos inclinados, a São Paulo Railway viu pela primeira vez ameaçada sua cômoda situação de monopolizar o transporte até o litoral. O limite de carga transportada pela SPR era quatro mil toneladas por dia, ou aproximadamente 1.252 mil

this coffee was shipped through the railway inclines of Serra do Mar, *with its intrinsic limitations to the number of wagons in each train. São Paulo Railway still met the demand, but service was increasingly poorer. The system was close to exhaustion, and subject to the setbacks caused by accidents or very heavy rains, that led to traffic disruption between Santos and the city of São Paulo. In addition, economic growth fuelled consumption in the Southeast. As a result, import volumes increased and large commercial businesses were more and more dependent on the transportation monopolized by the* Ingleza.

Therefore, when the growing demand for export coffee put into check the capacity of SPR's inclines, the company's monopoly of the transportation to the seaside was threatened for the first time. The limit of cargo transported by the SPR was 4,000 tons a day or approximately 1,252,000 tons a year, with a margin for unpredicted situations.[12]

A nova linha (Serra Nova) foi construída a partir de 1895, logo acima da que passou a ser chamada de Serra Velha.

The new line (Serra Nova) was built as of 1895, right above the other one that was then called Serra Velha.

toneladas por ano, contando com uma margem para imprevistos.[12] Se esses números eram satisfatórios para suprir a demanda no início do funcionamento da linha em 1867, duas décadas depois, com a expansão dos cafezais e a consequente penetração das vias férreas por todo o interior paulista, essa capacidade tornou-se insuficiente, exigindo uma solução que pusesse fim ao problema do transporte no trecho de serra.

Nos jornais, o acesso ao porto de Santos pela ferrovia é assunto de quase todos os dias. Reclama-se muito da morosidade causada pelos planos inclinados da *Ingleza* e várias alternativas são discutidas: a encampação da *SPR*, a construção de nova linha para Santos pelas companhias privadas – comandadas principalmente por cafeicultores –, projetos de estradas de ferro para o porto de São Sebastião. Entre os vários artigos sobre o tema, em dezembro de 1891 um deles defendia a solução que acabou sendo escolhida: a duplicação da linha já existente.

Although these numbers were satisfactory to meet demand in the beginning of the railway operation in 1867, two decades later, with the expansion of coffee plantations and the penetration of railways throughout the state of São Paulo, this capacity became insufficient. A solution was therefore needed that would put an end to the problem of transportation through the mountain range.

Railway access to the Port of Santos was discussed almost every day in the newspapers. People complained of the delays caused by the Ingleza's *inclines and discussed several alternatives: the expropriation of SPR; the construction of a new railway to Santos by private companies, mainly headed by coffee growers; railway projects to the Port of São Sebastião. Among several articles on the topic, one written in December 1891 defended the solution that was eventually chosen: the duplication of the SPR railway line.*

Nesta página e na seguinte, detalhe do Túnel 7, executado durante as obras de construção da linha da Serra Nova, e que pode ter sido enviado a Charles Mayo para análise.

In this page and in the following one, detail of Tunnel 7, executed during the construction of Serra Nova railway line, and which may have been sent to Charles Mayo for analysis.

Certamente, os ingleses que comandavam a São Paulo Railway tinham noção da pujança da economia cafeeira e da força política que os paulistas conquistavam naqueles anos, o que lhes tornava impensável perder o monopólio do transporte até o porto de Santos. Assim, antecipando-se à possível nacionalização em 1897, a empresa firmou um novo contrato com o governo em 1892,[13] onde conseguiu a renovação de sua concessão, comprometendo-se a construir uma nova linha férrea compatível com as necessidades de transporte na Serra do Mar, além de ampliar as instalações e edificações em todo o trajeto.

A partir de 1895, essa nova linha da serra, chamada Serra Nova, foi construída alguns metros acima da antiga via que, em contraposição, passou a ser designada por Serra Velha.

Apesar da preferência do governo por uma linha de livre-aderência, isto é, com uma inclinação menor que dois por cento, a São Paulo Railway optou por manter os planos inclinados, já que dominava essa tecnologia e queria evitar desapro-

The British who ran São Paulo Railway were certainly aware of the powerful coffee economy and of the political strength of São Paulo at the time. It was unthinkable for them to lose the monopoly of transportation to the Port of Santos. Thus, in order to preempt a possible nationalization in 1897, the company signed a new agreement with the government in 1892.[13] It managed to renew its concession by committing to building a new railway line to meet the transportation needs in the Serra do Mar. It also committed to expanding its facilities and buildings along the lines.

As of 1895, this new railway, called Serra Nova, *was built a few meters above the old railway that became known as* Serra Velha.

Despite the government's preference for adhesion railways, that is, with a steep gradient below two percent, São Paulo Railway decided to keep the inclines, since it mastered the technology and wanted to avoid dispossessions that would be necessary if they decided to build an adhesion railway, whose path would obviously have

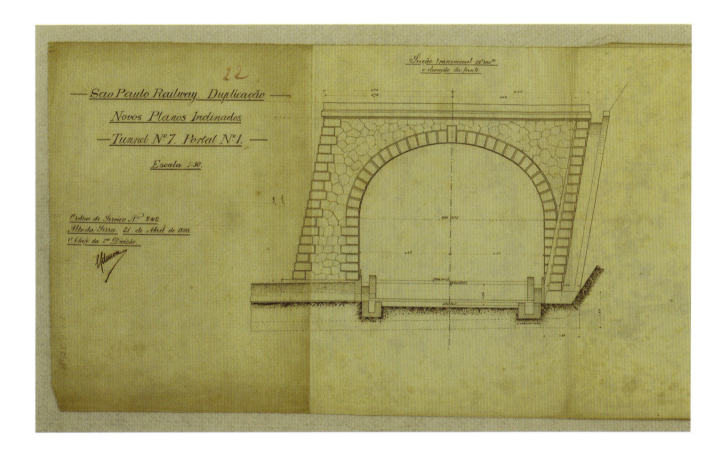

priações que seriam necessárias caso a opção fosse por uma via comum, onde o trajeto obviamente não poderia ser o mesmo daquele existente. Entretanto, foi preciso realizar novas obras-de-arte, com a construção de dezesseis viadutos e treze túneis.

Os taludes que serviam de proteção contra as quedas de barreira adquiriram grandes dimensões, alguns deles chegando a mais de cinquenta metros de altura, o que exigiu grande movimentação de terra.

Entre os documentos de Charles Robert Mayo há duas plantas desta época da construção da segunda linha. Notem-se, na página seguinte, os rabiscos sobre os desenhos originais, seguramente indicando as obras de manutenção que se fizeram necessárias no decorrer do tempo, principalmente em função da grande quantidade de chuvas e dos deslizamentos que estas provocavam na Serra.

O percurso da Serra Nova, junto ao contraforte do rio Mogi, elevava-se a uma altura total de 796 metros, que foram divididos em cinco planos inclinados,

to be different from the existing one. However, new works of art were needed, and the company built 16 viaducts and 13 tunnels.

The inclines that were used as protection against landslides grew in size. Some were more than fifty meters high and required massive earthworks.

The documents of Charles Robert Mayo include two blueprints of the time of construction of the second railway. We can see, on next page, scribbles over the original drawings, certainly indicating the maintenance work needed along the time, mainly because of the heavy rainfall and the landslides it caused in the mountain range.

The Serra Nova section, together with the buttress at River Mogi, rose to a total height of 796 meters, which were divided into five inclines. Each incline was two kilometers long and had an 8% gradient that ended on a 130-meter plateau. There are many descriptions of Serra Nova made by travelers and specialists. They usually emphasize the imposing works of art, as in the account made by engineer Adolpho Augusto Pinto:

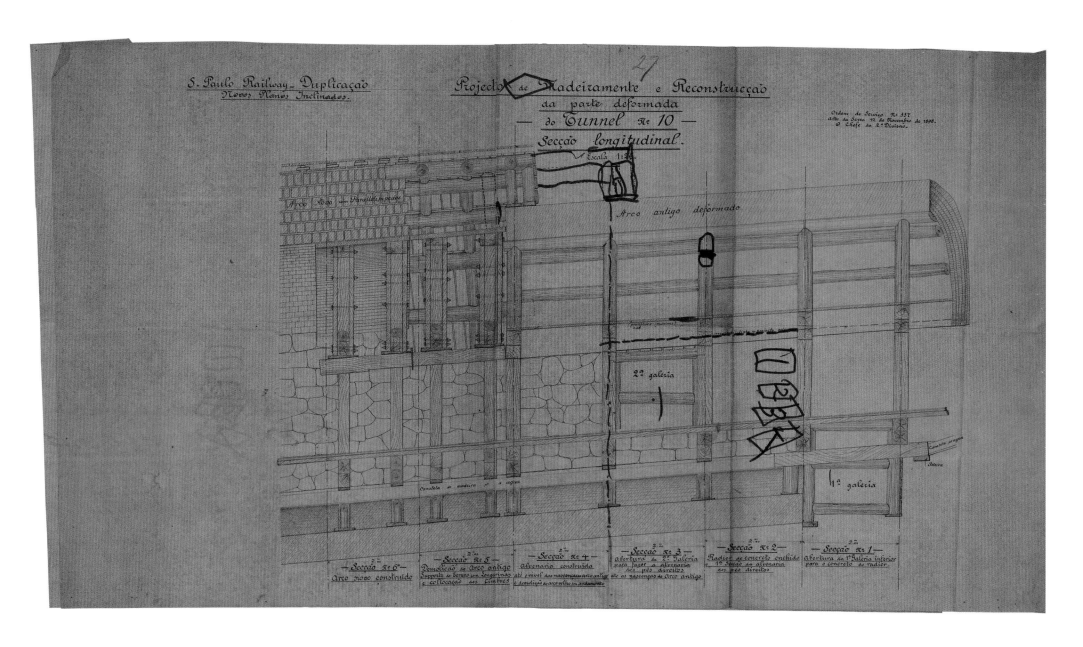

Anotações à mão sobre projeto elaborado durante a execução da linha da Serra Nova no final do século XIX.

Hand written notes on project design prepared during execution of Serra Nova railway line at the end of the 19th century.

cada um com dois quilômetros de extensão e declividade de oito por cento que terminava em um patamar de 130 metros. São muitas as descrições de viajantes e especialistas sobre a Serra Nova, em geral enfatizando a imponência das obras-de-arte, como o engenheiro Adolpho Augusto Pinto:

"Aqui são alterosas muralhas de arrimo sustentando imensas moles de terra; ali túneis que perfuram as montanhas em condições técnicas extremamente difíceis; logo adiante um viaduto, em reta ou em curva, a transpor uma grota, baixando-se às vezes a profundidade do abismo a quarenta e três metros, sendo então o comprimento da viga de cento e noventa metros e o peso do ferro de setecentas e sessenta e oito toneladas; além um corte cubando até trezentos mil metros cúbicos e cujo talude, atingindo cerca de cinquenta metros de altura, parece antes uma escarpa da serra; depois, como acontece junto ao ponto em que nasce a linha nova, é um aterro em mangue cujo cubo ascende a duzentos mil metros cúbicos! Se todas essas obras provocam justa admiração, quer pela variedade, quer pela esmerada fatura dos diferentes tipos, não menos de admirar é a quantidade em cada espécie. Assim é que, nesse curto trecho de linha, de cerca de dez quilômetros, se contam não menos de setenta e nove bueiros e pontilhões com catorze mil cento e cinquenta e quatro metros cúbicos de alvenaria, cinquenta e oito muralhas de arrimo medindo a extensão total de dois mil setecentos e cinquenta e cinco metros lineares e oitenta e dois mil novecentos e seis metros cúbicos de alvenaria, dezoito pontes e viadutos com o comprimento total de mil quatrocentos e setenta e sete metros, pesando o ferro três mil novecentas e quarenta e sete toneladas, treze túneis com o comprimento total de mil trezentos e cinquenta metros!"[14]

"Here, high retention walls support a huge amount of earth; there, tunnels cut through the mountains under extremely difficult technical conditions; further on, a viaduct, either straight or curved, transposes a deep valley. The viaduct may go down forty-three meters to the depth of the abyss, with beams as long as one hundred and ninety meters, with seven hundred and sixty-eight tons of iron. Elsewhere three hundred thousand cubic meters of earth are supported by a fifty-meter high slope that resembles the mountain ridge. Then, as it happens precisely in the point where the new railway starts, we can see a landfill in a mangrove whose cube rises to two hundred thousand cubic meters! All these works provoke fair admiration for their variety and abundance. In fact, in this short stretch, approximately ten kilometers long, we can count not less than seventy-nine culverts and bridges with fourteen thousand one hundred and fifty-four cubic meters of masonry work, fifty-eight support walls measuring two thousand seven hundred and fifty-five linear meters and eighty-two thousand nine hundred and six cubic meters of masonry work, eighteen bridges and viaducts with a total length of one thousand four hundred and seventy-seven meters, with three thousand nine hundred and forty-seven tons of iron, and thirteen tunnels with a total length of one thousand three hundred and fifty meters!"[14]

Indeed, construction work was impressive for its grandness, and mainly because it was all new in the country.

The time needed to transpose the mountain range was also one of the high notes of the new railway. The Santos-to-Piassaguera stretch could then be covered in approximately twenty minutes and, in the inclines, a train with seven cargo wagons would

De fato, tais trabalhos de construção impressionavam pela sua grandiosidade, principalmente por se constituírem em novidades no território nacional.

O tempo necessário para transpor a serra também foi um dos pontos altos da nova linha. O trajeto de Santos a Piassaguera passou a ser feito em cerca de vinte minutos e, nos planos inclinados, um trem composto de sete vagões de carga passou a levar em torno de sete minutos para percorrer cada patamar com a loco-breque.[15]

Se comparada à Serra Velha, a linha da Serra Nova incluía mais um patamar, totalizando cinco. A maior diferença estava nos cabos do funicular, que na linha antiga eram interrompidos *(tail end system)*, com as extremidades amarradas nos serra-breques, e na nova via foram usados os "cabos sem fim" *(endless rope system)*, presos por uma tenaz à locomotiva especial, denominada loco-breque.

Como a capacidade dos novos planos inclinados era mais do que suficiente para suprir a demanda de transporte, a SPR suspendeu o tráfego rotineiro na Serra Velha, mantendo-a somente como linha de apoio.

As obras de duplicação terminaram em 1899 e os novos planos inclinados foram entregues oficialmente em dezembro de 1901.

Se não havia grandes diferenças de concepção na maneira como a nova linha foi projetada, a qualidade das obras superou em muito a da via primitiva, alvo de tantas críticas e reclamações. Por conta da experiência adquirida na administração da ferrovia e, sob risco de perder a concessão, a SPR não poupou esforços para

take around seven minutes to travel each plateau with the brake van.

Compared to Serra Velha, Serra Nova *included one more plateau, totaling five. The major difference was in the funicular cables. The old way had a tail end system, with its ends tied to the brake vans. The new railway had an endless rope system, tied to a special locomotive, called loco-brake.*[15]

Since the capacity of the new inclines was more than enough to meet the demand for transportation, SPR terminated routine traffic in Serra Velha, *and kept the railway as back-up only.*

Construction of the second railway ended in 1899 and the new inclines were officially delivered in December 1901.

Although there was not much difference in the design of the new railway, the quality of works was much higher than in the first railway, which had been the object of so much criticism and complaints. Because of the risk of losing its concession and since it had acquired experience in managing the railway, SPR spared no effort to build a railway that met the highest technical standards, and that was so for the tracks, the buildings, and the railway rolling materials. Everything was done or acquired within the strictest specifications.

Naturally, the high profits earned by the company allowed for high-quality works and, in some cases, for sumptuous buildings like those in Santos and, particularly, those in the city of São Paulo. At the end of the 1800's São Paulo had become the region's major hub, since it had a consistent railway network in its urban area.

Na imagem do 3º plano inclinado, no final da década de 1920, vemos a força e profusão dos deslizamentos na Serra, bem como as obras de contenção que eram necessárias.

In the image of the 3rd incline, by the end of the 1920's, we can see the massive and numerous landslides in the mountain, as well as the retention works required to stop them.

construir obras de grande qualidade técnica no que diz respeito à via permanente, às edificações e ao material rodante. Tudo foi feito, ou adquirido, dentro das mais rigorosas especificações.

Naturalmente os altos lucros auferidos pela empresa contribuíram para que os trabalhos fossem bem executados e, em alguns casos, até de modo suntuoso, como nas edificações de Santos e, principalmente, nas da cidade de São Paulo, que nesta altura do final do Oitocentos já se firmara como o grande centro de intermediação econômica da região, pois contava com a presença de uma consistente malha ferroviária em sua área urbana.

A grande obra desta fase, o maior símbolo da renovação por que passava a São Paulo Railway, foi a terceira versão da Estação da Luz na região central da cidade de São Paulo. A nova estação começou a ser construída em 1895 e foi inaugurada

The major work developed in this phase, the best symbol of the renovation, São Paulo Railway was going through, was the third version of Luz Station, in the central region of the city of São Paulo. The new station began to be built in 1895 and was inaugurated in 1901. It was one of the most outstanding examples of cast-iron architecture in the country. In addition to its architecture, one of the highlights of its design was the lowering of the railway bed up to six meters below the street level, thus avoiding the gates required to keep public paths free for the traffic of pedestrians and vehicles. This layout also determined the circulation inside the station, and enabled railway users to cross over the rail tracks.

From its inauguration trough the 1920's, Luz Station's tower was one of the tallest elements in the city, which could be seen from several parts of the city center and surroundings. It became, therefore, an important landmark of São Paulo's urban life.

Equipamentos usados para tracionar as locomotivas nos planos inclinados da Serra Velha e nos planos inclinados da Serra Nova. Notar o aumento da potência do maquinário entre a primeira e a segunda linha.
Fotos: Perman, c. 1900.
Acervo: extinta RFFSA.

Equipment used to provide traction to locomotives in the inclines of Serra Velha and Serra Nova. Note the increase in machine power from the first to the second railway line.
Photos: Perman, c. 1900.
Collection: former RFFSA.

em 1901, sendo um dos exemplos mais significativos da arquitetura em ferro no país. Além da arquitetura, um dos pontos altos do seu projeto foi o rebaixamento do leito ferroviário em até seis metros do nível da rua, evitando-se as cancelas, a fim de manter as vias públicas liberadas para o tráfego de veículos e pedestres. Essa configuração também determinou a circulação no espaço interior da gare, permitindo o cruzamento dos usuários da ferrovia sobre a linha férrea.

Da época de sua inauguração até a segunda década do Novecentos a torre da Estação da Luz foi um dos elementos mais altos da cidade, podendo ser observado de diversos pontos do centro e arredores, constituindo-se, portanto, numa referência importantíssima para a vida urbana da capital paulista.

Além de reformados, alguns complexos ferroviários foram bastante alterados, caso dos armazéns de Santos (1895-1907) e Jundiaí, onde a estação e os demais

Whilst some railway facilities were renovated, others were substantially changed. This was the case of the warehouses of Santos (1895-1907) and Jundiaí, where the station and the other buildings in the yard were expanded. In the district of Pari, in the city of São Paulo, the company built its Central Warehouse for cargo storage (1890-1901) in an area of more than 12,000 m². In the district of Lapa, also in the city of São Paulo, they built a complex of workshops to assemble and repair locomotives, cars and wagons.[16]

Completion of the Serra Nova works in 1901 gave São Paulo Railway new momentum to meet growing export and import demands for the most varied products. However, if on the one hand the transportation capacity was sufficient for both passengers and cargo, on the other hand the railway maintenance problems became more complex, especially along the inclines, which required larger crews to operate and

Vista aérea de São Paulo 1928, onde vemos em primeiro plano a Estação da Luz. Sua torre, um dos elementos mais altos da cidade até a década de 1920, quando a cidade era chamada de "Capital dos Fazendeiros", era então ultrapassada pela rápida verticalização do centro.

Aerial view of São Paulo, in 1928, where we can see Luz Station. Its tower, one of the tallest elements of the city until the 1920's, when the city was known as the "Farmers' Capital", was later surpassed by the tall buildings of the city center.

O complexo de oficinas da Lapa, construído no início do século XX, durante as obras de ampliação da linha e instalações da São Paulo Railway, foi estrategicamente localizado para que fosse possível retirar do rio Tietê a água necessária às operações de reparação de locomotivas, carros e vagões. Essa verdadeira usina industrial abrigava fundição, ferraria, caldeiraria de locobreques e serra-breques, usinagem, tornearia, solda, caldeiraria, serraria e carpintaria, reparação de veículos e pintura, além de depósitos e escritórios.

The Lapa workshop complex, built in the beginning of the 20th century, during the construction of railway extension and facilities of São Paulo Railway, was strategically located by the Tietê River. The river water was needed to repair locomotives, cars and wagons. This truly industrial plant comprised foundry; forgery; boiler shop for brake vans and loco-breaks; machining, lathing, welding, sawmill, and carpentry shops; vehicle and paint repair shops, in addition to warehouses and offices.

Vista aérea de Santos em 1928. Em primeiro plano, vemos o complexo portuário que, à época, se estendia do Valongo, seu ponto inicial, até a enseada do Outeirinhos, localizada imediatamente após a chamada curva do Paquetá. Nesse local foi executado um aterro para a construção de um complexo de armazéns, ruas e pátios.

Santos, que no início do século XX viveu sob o impacto de graves epidemias que exigiram a execução de importantes obras de engenharia sanitária, já consolidara a ocupação de áreas mais afastadas do porto e do centro, ostentando os símbolos de progresso e modernidade tão caros ao ideal da Primeira República, apresentando uma aparência eclética generalizada entre suas grandes edificações, remetendo aos principais centros europeus da época. Graças à economia cafeeira e à modernização operada no porto e nas instalações ferroviárias, a cidade vivia um grande esplendor econômico e cultural.

Aerial view of Santos in 1928. We can see the port that at the time extended from Valongo, its initial point, to Outeirinhos bay, located immediately past the so-called Paquetá curve. There was land filling in the place for the construction of a complex of warehouses, streets and yards.

Santos had severe epidemics that required the execution of important sewage and drainage engineering works in the beginning of the 20th century. The areas farther away from the port and the city center had been occupied. The city boasted the symbols of progress and modernity that were so dear to the ideals of the First Republic, with a cosmopolitan environment and large buildings, resembling the main European cities of that time. Thanks to the coffee economy and the modernization of the port and railway facilities, the city saw great economic and cultural splendor.

edifícios do pátio foram ampliados. No bairro do Pari, na capital paulista, foi edificado o Almoxarifado Geral da Companhia (1890-1901) em uma área de mais de 12 mil m², onde foram instalados depósitos para mercadorias. No bairro da Lapa, ainda na cidade de São Paulo, foi construído um complexo de oficinas destinado à montagem e reparação de locomotivas, carros e vagões.[16]

A conclusão dos trabalhos da Serra Nova em 1901 deu à São Paulo Railway novo ânimo no atendimento às crescentes demandas de exportação e importação dos mais diversos produtos. Contudo, se de um lado a capacidade de transporte era suficiente, tanto de passageiros quanto de cargas, por outro, os problemas de manutenção da via férrea tornaram-se mais complexos, especialmente no trecho dos planos inclinados, o que exigiu a permanência de um maior número de funcionários responsáveis pela operação e conservação do sistema.

Assim, o acampamento de funcionários que havia no Alto da Serra foi transformado na Vila Martin Smith, posteriormente denominada Paranapiacaba.[17]

Em 1897, a primitiva estação do Alto da Serra foi substituída por uma construção pré-fabricada em madeira, acompanhada de uma ampla cobertura metálica, sustentada por esguias colunas de ferro fundido, que abrigava a plataforma de embarque de 160 metros. Uma torre, onde foi fixado o relógio, quebrava o ritmo horizontal do conjunto. Ao lado da nova Estação da Luz e da ampliada estação de Santos, formava um dos mais significativos conjuntos ferroviários da *Ingleza*.

Em 1981, a estação foi destruída por um incêndio, sendo substituída por um exemplar sem a mesma qualidade arquitetônica.

maintain the system. There was an employee settlement located at the top of the ridge which became known as Vila Martin Smith, later renamed Paranapiacaba.[17]

In 1897, the former Alto da Serra station was replaced by a pre-fabricated wood building, with a vast metallic coverage supported by slender cast iron columns that lodged a 160-meter-long boarding platform. The tower, where a clock was placed, stood tall above the horizontal line of the building. Together with the new Luz Station and the enlarged Santos Station, it was one of the most significant railway facilities of the Ingleza.

In 1981, the station was destroyed by a fire and replaced by a building that lacked the same architectural quality.

Como se nota na fotografia do final dos anos de 1920, o núcleo do Alto da Serra dividia-se pelos trilhos: a Parte Alta era ocupada, de modo geral, por comerciantes e prestadores de serviço e a Parte Baixa, pelos ferroviários e se transformou na Vila Martin Smith, resultado de um projeto inovador, que contava com passeios públicos, estrutura viária, um sistema de saneamento bastante avançado para a época, além de equipamentos de abastecimento e de lazer.

As it can be noted in the picture from the late 1920's, the core of Alto da Serra was divided by tracks: the High Part was occupied mostly by businessmen and service providers, and the Low Part was occupied by railway men and became Martin Smith Village, result of an innovative project, which had public sidewalks, road structure, a sewer system quite advanced for the time, in addition to supply and leisure equipment.

Notas referentes à Parte II

[1] A primeira pessoa a por em prática a ideia de ligar Santos a São Paulo, por meio de uma estrada de ferro e/ou transporte navegável, foi Frederico Foom, gerente da Companhia Aguiar, Viúva & Filhos. Tendo obtido a concessão para explorar esse trecho em março de 1838, Foom associou-se à firma britânica Platt & Reidd a fim de contratar uma equipe que pudesse realizar um estudo de viabilidade de linha férrea em áreas acidentadas. Os estudos foram efetuados pelo engenheiro britânico Alfred de Mornay e seu irmão Edward. Depois de realizar os levantamentos necessários, os irmãos propuseram construir uma linha férreo-fluvial a partir das encostas da Serra de Cubatão. O trecho de serra seria vencido por meio de planos inclinados e, no trecho do planalto, por simples aderência. Entre Santos e Cubatão, a ligação seria efetuada por barcos a vapor. Contudo, Foom e seus sócios não conseguiram levantar o capital necessário. Depois de sua morte, em 1847, sua viúva repassou os estudos para o advogado e político José da Costa Carvalho, o Marquês de Monte Alegre, que, por sua vez, cedeu-os a Mauá.

[2] Dentre os vários projetos ferroviários onde atuou, destacam-se as linhas Mont Cenis Summit Railway entre a Suíça e Itália; Minas and Rio Railway Company e Porto Alegre and New Hamburg Railway no Brasil; Central Uruguay and Hygueritas no Uruguai; Bolivar Railway na Venezuela. Cf. CATCHPOLE, Paul. *A Very British Railway*. Cornwall/Great Britain: Locomotives International, 2003.

[3] Nascido em 1830, Daniel Makinson Fox tinha entre 25 e 26 anos quando realizou os primeiros trabalhos de levantamento de campo da futura São Paulo Railway. Cf. CATCHPOLE, Paul. Op.cit.

[4] Entre Santos e Cubatão a implantação da via férrea foi facilitada pela existência de uma extensa área aterrada em 1827, paralela à estrada da Maioridade, por onde passavam as tropas de muares. Cf. TOLEDO, Benedito Lima de. *Projeto Lorena - Os Caminhos do Mar: Revitalização, Valorização e Uso dos Bens Culturais*. São Bernardo do Campo/SP: Prefeitura Municipal, 1975, p. 59.

[5] FOX, Daniel Makinson. Description of the line and works of the São Paulo Railway in the Empire of Brazil. In: *Minutes of proceedings of the Institution of Civil Engineers with abstracts of the discussions*. Vol XXX. Session 1869-70 - Part II. London: ICE, 1870, p.34.

[6] GODOY, Joaquim Floriano de. *A província de São Paulo: Trabalho Estatístico, Histórico e Noticioso*. São Paulo: Governo do Estado de São Paulo, 1978, p. 100. (Coleção Paulística vol. XII)

[7] Sobre as dificuldades da travessia e manutenção de ferrovias em climas subtropicais úmidos vale a pena reproduzir o texto do escritor britânico Frederick A. Talbot que em 1911 narrou as dificuldades enfrentadas pelos engenheiros da Leopoldina Railway, ferrovia que ligava o Rio de Janeiro a Minas Gerais e ao Espírito Santo, e cujo trecho inicial até Petrópolis era feito em condições muito semelhantes à sua congênere paulista: *"(...) se de um lado os engenheiros são poupados dos problemas causados pela neve e pelos avalanches, de outro, devem se preocupar com as enchentes, deslizamentos e alagamentos. O índice de chuva (...) é muito alto durante o ano e quando há tempestades, estas são torrenciais. Os rios transformam-se em ruidosas cataratas e imensos buracos aparecem nas encostas das serras. No caminho, uma grande quantidade de entulho. Se uma*

Footnotes referring to Part II

[1] The first person to put into practice the idea of connecting Santos to São Paulo by railway and/or waterway was Frederico Foom, the manager of Companhia Aguiar, Viúva & Filhos. Having been granted the concession to explore that stretch in March 1838, Foom associated to the British company Platt & Reidd to hire a team that could conduct a feasibility study for railways in rough areas. The study was conducted by the British engineer Alfred de Mornay and his brother Edward. After the necessary survey, the brothers proposed building a railway/waterway line starting from the hillside of Cubatão ridge. The ridge portion of the railway would be overcome using the funicular (inclined railway) and adhesion systems. Steam boats would connect Santos to Cubatão. Foom and his partners, however, were never able to raise the necessary funds. After Foom's death, in 1847, his widow passed on the studies to the lawyer and politician José da Costa Carvalho, the *Marquês de Monte Alegre*, who, in turn, gave them to *Barão de Mauá*.

[2] Some of the railway projects he worked on include the Mont Cenis Summit Railway between Switzerland and italy; Minas and Rio Railway Company and Porto Alegre and New Hamburg Railway in Brazil; Central Uruguay and Hygueritas in Uruguay; and Bolivar Railway in Venezuela. Cf. CATCHPOLE, Paul. *A Very British Railway*. Cornwall/Great Britain: Locomotives International, 2003.

[3] Born in 1830, Daniel Makinson Fox was between 25 and 26 years old when he started surveying the field for the future São Paulo Railway. Cf. CATCHPOLE, Paul. Op.cit.

[4] Railway implementation between Santos and Cubatão was made easier because of an extensive area that was landfilled in 1827. It was located along the *Maioridade* road, which was used by mule caravans. Cf. TOLEDO, Benedito Lima de. *Projeto Lorena - Os Caminhos do Mar: Revitalização, Valorização e Uso dos Bens Culturais*. São Bernardo do Campo/SP: Prefeitura Municipal, 1975, p. 59.

[5] FOX, Daniel Makinson. Description of the line and works of the São Paulo Railway in the Empire of Brazil. In: *Minutes of proceedings of the Institution of Civil Engineers with abstracts of the discussions*. Vol XXX. Session 1869-70 - Part II. London: ICE, 1870, p.34.

[6] GODOY, Joaquim Floriano de. *A província de São Paulo:* Trabalho Estatístico, Histórico e Noticioso. São Paulo: Governo do Estado de São Paulo, 1978, p. 100. (Coleção Paulística vol. XII)

[7] On difficulties in railway lines and maintenance in humid subtropical climates, please refer to the text of Frederick A. Talbot. In 1911, the British writer narrated the difficulties faced by the *Leopoldina Railway* engineers. This railway connected Rio de Janeiro to Minas Gerais and Espírito Santo, and its initial section up to Petrópolis was built under conditions that were very similar to its counterpart in São Paulo. *"(...) if on the one hand the engineers are spared the problems caused by snow and avalanches, on the other hand they must contend with floods, landslides and inundations. Rainfall is very high throughout the year and when there are storms, they are torrential. Rivers become roaring cataracts and huge gashes are torn from mountainsides. On the right of way, a large amount of debris. If a line is damaged, it is severely affected. It is common for a ditch to open near the rails, showing the damage caused by the thunderstorms. Nothing can withstand the power of that*

linha for danificada, ficará severamente afetada. É comum uma vala aparecer perto dos trilhos mostrando os danos causados pelo aguaceiro. Nada impede a força dessa fúria. Nem mesmo as pesadas paredes de pedra que protegem as encostas são totalmente eficazes para deter a enxurrada (...)".TALBOT, Frederick A. The Railway Conquest of the World. London: William Heinemann, 1911, p. 214-216 e p. 221.

[8] MINISTÉRIO DA AGRICULTURA. *Relatório apresentado à Assembleia Geral Legislativa na Terceira Sessão da Décima Segunda Legislatura pelo Ministro e Secretário de Estado dos Negócios d'Agricultura Commercio e Obras Públicas, Jesuino Marcondes de Sá.* Rio de Janeiro: Laemmert, 1865, p. 6.

[9] Por uma série de manobras dos sócios britânicos de Mauá e do empreiteiro Robert Sharp, responsável pela construção da linha, Mauá foi acusado de montar um negócio duvidoso e, sob essa alegação, ameaçaram decretar a bancarrota da ferrovia, denunciando o perigo de investir no Brasil. Diante da possibilidade de ver sua reputação posta em dúvida na praça de Londres, Mauá mantém o financiamento às obras de construção, o que lhe trará grandes prejuízos, sendo esta uma das razões de sua falência alguns anos depois. Mesmo tendo acionado judicialmente a São Paulo Railway, no Brasil e em Londres, nunca recuperou as 497 mil libras esterlinas que investira. Ao cabo, os acionistas britânicos assumiram o controle total da ferrovia. Sobre a questão judicial entre Mauá e a São Paulo Railway, há uma ampla bibliografia, a começar pelo texto do próprio Mauá: SOUZA, Irineu Evangelista de. *Exposição do Visconde de Mauá aos credores de Mauá & Cia.* e ao público. Rio de Janeiro: Zelio Valverde, 1942. Outra fonte importante é o livro de BESOUCHET, Lidia. *O pensamento vivo de Mauá.* São Paulo: Livraria Martins, 1944, e, mais recentemente: CALDEIRA, Jorge. *Mauá, Empresário do Império.* São Paulo: Companhia das Letras, 1995 e MARINGONI, Gilberto. *Barão de Mauá, o empreendedor.* São Paulo: Aori, 2007.

[10] ARIAS NETO, José Miguel. Primeira República: economia cafeeira, urbanização e industrialização. IN: FERREIRA, Jorge e DELGADO, Lucilia de Almeida Neves (org.). *O Brasil Republicano I.* O tempo do liberalismo excludente: da Proclamação da República à Revolução de 1930. Rio de Janeiro: Civilização Brasileira, 2006, p.193.

[11] Com uma produção que atingiu 5.970 mil sacas nos anos 1895-1896, e 11.385 mil sacas nos anos 1897-1898. Cf MARTINS, Ana Luiza. *A história do café.* São Paulo: Contexto, 2008, p. 225.

[12] *Revista Ferroviária.* São Paulo, n.239, abril de 1956, p.80.

[13] Decreto nº 126 de 18 de novembro de 1892, oficializado pelo Decreto 1999 de 2 de abril de 1895.

[14] Cf PINTO, Adolpho Augusto. *História da Viação Pública em São Paulo.* São Paulo: Governo do Estado de São Paulo, 1977, p.97-98. (Coleção Paulística, vol.II)

[15] Idem, p. 100.

[16] SANTOS, Cecilia Rodrigues dos. *Em defesa do patrimônio industrial ferroviário de São Paulo: as oficinas da São Paulo Railway na Lapa.* Disponível em: www.vitruvius.com.br/revistas. Acesso: 06 de julho de 2012.

[17] Nome oficial da vila a partir de 1945. Contudo, desde 1907, quando foi criado o Distrito de Paz na vila, a localidade era chamada de Paranapiacaba.

ury. Not even the heavy stone walls that protect the hillsides are always enough to hold against the torrent (...)". TALBOT, Frederick A. The Railway Conquest of the World. London: William Heinemann, 1911, p. 214-216 and p. 221

[8] MINISTÉRIO DA AGRICULTURA. *Relatório apresentado à Assembleia Geral Legislativa na Terceira Sessão da Décima Segunda Legislatura pelo Ministro e Secretário de Estado dos Negócios d'Agricultura Commercio e Obras Públicas, Jesuino Marcondes de Sá.* Rio de Janeiro: Laemmert, 1865, p. 6

[9] By means of a series of maneuvers of Mauá's British partners and the contractor Robert Sharp, responsible for building the railway, Mauá was accused of setting up a dodgy business. Under such allegation, they threatened to file for bankruptcy, and to warn others about the danger of investing in Brazil. Facing the possibility of seeing his reputation at risk in London, Mauá continued to finance the construction works, which brought major losses to him. This was one of the main reasons for his own bankruptcy years later. Despite having challenged São Paulo Railway in court in Brazil and in London, he never recovered the £497,000 he invested in it. In the end, the British shareholders took full control of the railway. There is extensive bibliography on the legal dispute between Mauá and São Paulo Railway, starting with a text written by Mauá himself: SOUZA, Irineu Evangelista de. *Exposição do Visconde de Mauá aos credores de Mauá & Cia. e ao público.* Rio de Janeiro: Zelio Valverde, 1942. Another important source is the book by BESOUCHET, Lidia. *O pensamento vivo de Mauá.* São Paulo: Livraria Martins, 1944, and most recently: CALDEIRA, Jorge. *Mauá, Empresário do Império.* São Paulo: Companhia das Letras, 1995, and MARINGONI, Gilberto. *Barão de Mauá, o empreendedor.* São Paulo: Aori, 2007.

[10] ARIAS NETO, José Miguel. Primeira República: economia cafeeira, urbanização e industrialização. IN: FERREIRA, Jorge e DELGADO, Lucilia de Almeida Neves (org.). *O Brasil Republicano I.* O tempo do liberalismo excludente: da Proclamação da República à Revolução de 1930. Rio de Janeiro: Civilização Brasileira, 2006, p.193.

[11] Production reached 5,970,000 bags in 1895-1896, and 11,385,000 bags in 1897-1898. Cf MARTINS, Ana Luiza. *A história do café.* São Paulo: Contexto, 2008, p. 225.

[12] *Revista Ferroviária.* São Paulo, n.239, April 1956, p.80.

[13] Decree 126 of November 18, 1892, made official by Decree 1999 of April 2, 1895.

[14] Cf PINTO, Adolpho Augusto. *História da Viação Pública em São Paulo.* São Paulo: Governo do Estado de São Paulo, 1977, p.97-98. (Coleção Paulística, vol.II)

[15] Idem, p. 100.

[16] SANTOS, Cecilia Rodrigues dos. *Em defesa do patrimônio industrial ferroviário de São Paulo: as oficinas da São Paulo Railway na Lapa.* Available in: www.vitruvius.com.br/revistas. Access on July 06, 2012.

[17] Official name of the village after 1945. However, since 1907, when the Peace District was created in the village, the place was called Paranapiacaba.

Vista da estação de Jundiaí nos primeiros anos do século XX.
(Foto: Museu Histórico e Cultural de Jundiaí)

View of the station of Jundiaí in the first years of the 20th century.
(Photo: Museu Histórico e Cultural de Jundiaí)

Parte III

A São Paulo Railway nas três primeiras décadas do século XX

No começo do século XX, terminadas as obras de duplicação da linha e de melhorias de suas instalações, a São Paulo Railway atingiu um patamar de excelência administrativo e financeiro muito superior àquele em que se mantivera desde a sua fundação. Como resultado, o valor dos fretes passou a ser reajustado com mais frequência e de forma considerada abusiva pelos seus usuários.

Apesar da capacidade de transporte alcançada com os novos planos inclinados ser suficiente naquele momento, os problemas de manutenção nas obras-de-arte e no sistema implantado na serra continuaram existindo e a exigir uma atenção permanente. Sobretudo pelo fato de a linha se constituir no funil por onde passava a maior parte das exportações e importações de São Paulo, qualquer problema no funcionamento do sistema paralisava quase todo o setor produtivo e do comércio paulistas. Não é à toa que, neste começo do século XX, a empresa

Part III

São Paulo Railway in the three first decades of the 20th century

In the beginning of the 20th century, the works to expand the railways and improve facilities was finished. By then, São Paulo Railway had reached unprecedented administrative and financial excellence. The company increased freight prices at a frequency and in a way that was considered abusive by its users.

Although the transportation capacity of the new inclines was considered sufficient at the time, maintenance problems in the artworks and in the system implemented in the mountain range demanded continuous attention. Moreover, because most exports and imports had to be shipped from and to São Paulo on SPR's tracks, the railway was like a funnel and any problem in the system operation paralyzed almost all of the state's industrial production and commerce. It was no surprise that, in the beginning of the 20th century, the company had a huge number of employees per kilometer of railway, especially to meet the operational needs of Serra Nova.

possuía imenso número de funcionários por quilômetro de linha, principalmente para atender as operações na Serra Nova.

Nos primeiros quinze anos do século XX, a SPR alcançou uma excelente posição financeira, que repercutiu no aumento significativo do valor de suas ações, atingindo o recorde de 270 libras em 1913.[1] Nesta época, a SPR procurou renovar sua frota, adquirindo locomotivas mais potentes.[2] Se as condições de operação da companhia no país ajudavam, havia também um cenário internacional extremamente favorável aos empreendimentos britânicos; entre 1880 e 1913 os investimentos ingleses no Brasil passaram de 40 milhões para quase 225 milhões de libras.[3] E o setor das ferrovias era um dos maiores beneficiários.

"Em 1913, mais de três quartos de todos os investimentos britânicos no além-mar – sendo que os britânicos exportavam mais capital que todo o resto do

In the first fifteen years of the 20th century, SPR achieved excellent financial standing, which translated into significant increase in the price of its shares, reaching a record 270 pounds in 1913.[1] At that time, SPR started to renew its fleet, by acquiring more powerful locomotives.[2] The company's operating conditions in the country were certainly conducive to it, and the international scenario was extremely favorable to British undertakings. Between 1880 and 1913, British investments in Brazil soared from 40 million to almost 225 million pounds.[3] The railway industry certainly benefited from such momentum.

"In 1913, over three quarters of all British overseas investment – and the British exported more capital than the rest of the world put together – was in government stocks, railways, ports and shipping."[4]

São Paulo Railway's modus operandi *somehow summarizes the economic opera-*

No começo da década de 1910, o padre Luis Capra mandou construir uma pequena capela ao lado da estação de Campo Grande – a quatro quilômetros de Paranapiacaba na direção da capital – que ficou conhecida como "Igreja do Bom Jesus da Boa Viagem" ou "Monumento ao Divino Redentor", já que possuía uma imagem de Cristo no alto do morro. Sua posição em ponto elevado permitia que a imagem fosse avistada da linha férrea, o que provocava curiosidade nos passageiros e passou a atrair inúmeros fiéis. O entorno dessa estação era utilizado para extração de lenha e para a realização de piqueniques, principalmente por gente das cidades de Santo André, São Bernardo e São Caetano.

Podemos ver a capela e a imagem do Redentor à esquerda nesta fotografia do final dos anos de 1920.

It was then, in the early 1910's, that Father Luis Capra ordered a small chapel to be built next to Campo Grande station – four kilometers from Paranapiacaba towards the capital. The chapel became known as "Igreja do Bom Jesus da Boa Viagem" or "Monument to the Divine Redeemer", because there was a statue of Christ on top of the hill. The statue could be seen from the railway, which raised passengers' curiosity and attracted countless believers. The station surroundings were used for the extraction of wood and for picnics, especially by people that lived in the cities of Santo André, São Bernardo, and São Caetano.

We can see the chapel and the statue of the Redeemer on the left hand side of this picture from the late 1920's.

mundo junto – estavam em ações de governos, ferrovias, portos e navios."[4]

O *modus operandi* da São Paulo Railway é emblemático da ação econômica da Grã-Bretanha no Brasil ao longo do Segundo Reinado e da Primeira República, pois, funcionando nos parâmetros do liberalismo, chegava a altos lucros com o mínimo de riscos, por meio do investimento de capitais e da venda de tecnologia. Por outro lado, são inegáveis as contribuições trazidas pelos britânicos, como as escolas de engenharia civil que se desenvolveram a partir da abertura das estradas de ferro, ou até mesmo o desenvolvimento do futebol, que deve sua disseminação ao funcionário da São Paulo Railway, Charles Miller, que, junto a outros profissionais da São Paulo Gas Company e do London Bank, montou os primeiros times e organizou as primeiras partidas disputadas no Brasil nos meados da década de 1890.

tions of the British in Brazil throughout the Second Brazilian Empire and First Republic. The company operated within the parameters of liberalism, and it reached high profit with minimum risk, by investing capital and selling technology. In addition, the British made important contributions to the country, such as the civil engineering schools that were developed after the opening of railways, or even soccer, which owes its popularity to a São Paulo Railway employee, Charles Miller. Together with employees from the São Paulo Gas Company and the London Bank, Miller set up the first teams and organized the first games played in Brazil in the mid 1890's.

Carro Pullmann destinado às mulheres, cuja aquisição pela SPR foi intermediada pela Fox & Mayo no início da década de 1920. Cópias desta imagem e da que está na página ao lado foram encontradas no acervo da extinta RFFSA, herdeira e sucessora da companhia inglesa.

Pullmann car for women whose purchase by SPR was intermediated by Fox & Mayo in the beginning of the 1920's. Copies of this image and the one on the page beside were found in the collection of the former RFFSA, heir and successor of the British company.

Nas palavras de Gilberto Freyre, além da introdução de novas técnicas e serviços, como o bonde, o telégrafo, a iluminação e as primeiras redes de esgoto, os ingleses trouxeram a locomotiva, que:

> "(...) veio a empolgar, no Brasil, a imaginação dos meninos e da gente do povo, mais do que qualquer outra máquina ou engenho inglês e em torno dos engenheiros ferroviários ingleses é que se condensou principalmente a mística brasileira de enxergar na Inglaterra um país de novos mágicos: os engenheiros, os técnicos, os mecânicos, os dominadores do ferro e do aço, do vidro e do cobre. Uns mágicos ora considerados bruxos maus, ora bons feiticeiros, cujos instrumentos fabricados na Inglaterra fossem também uma espécie de varinha de condão capazes de realizar milagres da técnica."[5]

In the words of Gilberto Freyre, in addition to introducing new techniques and services, like the cable car, the telegraph, public lighting, and the first sewer networks, the British also brought the locomotive, which:

> *"(...) stirred the imagination of Brazilian boys and of Brazilian people, more than any other British machine or invention. The Brazilian mystique of seeing England as a country of new magicians was condensed around British railway workers: engineers, technicians, mechanics, masters of iron and steel, glass and copper. Magicians were at times considered wicked sorcerers, at times good wizards, whose instruments made in England were also a kind of magic wand capable of performing technical miracles."[5]*

Carro de primeira classe, cuja aquisição pela SPR foi intermediada pela Fox & Mayo no início da década de 1920.

First class car, whose purchase by SPR was intermediaed by Fox & Mayo in the beginning of the 1920's.

Com a eclosão da Primeira Guerra Mundial, em 1914, as condições econômicas deterioram-se no Brasil em virtude das dificuldades para obtenção de produtos importados. O carvão é um dos produtos que mais sofreu majoração de preços, o que acarretou grandes dificuldades para as empresas ferroviárias. A SPR usava o carvão do tipo Cardiff, vindo, principalmente, do País de Gales. Com a interrupção do fornecimento, foi forçada a usar lenha que, por não alcançar o mesmo poder calorífico obtido com o produto importado, diminuía o desempenho das locomotivas. Acrescente-se a esta redução da eficiência do tráfego ferroviário a impossibilidade de renovar seu material rodante, justamente quando crescia a demanda pelo transporte de passageiros.

Embora a criação de povoados, bairros e cidades jamais tenha sido o objetivo da SPR, o baixo custo para instalações, a pequena declividade e a proximidade

When World War I broke out, in 1914, economic conditions deteriorated in Brazil because of the difficulties in getting hold of imported products. Coal was one of the products most affected by the rise in prices, which brought major difficulties to railway companies. The SPR used Cardiff coal, which came mostly from Wales. With the supply disruption, SPR was forced to use wood that did not have the same calorific value as the Welsh coal, which decreased locomotive performance. The railway efficiency was therefore lower, and it became impossible to renew the rolling stock, precisely at a time when there was growing demand for passenger transportation.

The establishment of villages, districts and cities had never been a primary goal for SPR. However, as of the end of World War I, in 1918, urban areas sprang up along the railway thanks to the low cost of property, proximity to rivers and watercourses,

Na década de 1920, os crescentes problemas que marcavam a atuação da SPR foram destacados em diversos artigos e notícias de jornal.

In the 1920's, the growing problems that marked the operations of SPR were highlighted in many newspaper articles and news.

de rios e cursos d'água resultaram na criação de núcleos urbanos em torno da linha férrea, especialmente a partir do final da Primeira Guerra Mundial, em 1918. Esta nova configuração de ocupação próxima à ferrovia ocasionou o aumento acentuado do transporte de passageiros e a criação de novas paradas e estações principalmente junto às indústrias,[6] obrigando a ferrovia a adaptar diversos carros de passageiro para uso no serviço de subúrbio.

A adversidade da situação não se alterou muito depois de terminado o conflito mundial, pois fatores estruturais da economia internacional intervinham cada vez mais na situação das empresas estrangeiras sediadas no Brasil. Devido à impossibilidade de se importar material rodante com a rapidez necessária em virtude da forte demanda que se verifica na Europa com a retomada da atividade industrial, a *Ingleza* foi obrigada a fabricar parte de seus equipamentos na oficina na Lapa, em

and the relatively flat land along the tracks. Because of the number of settlements by the railway, there was a steep increase in passenger transportation, and new stops and stations were created, particularly close to factories[6], and several cars were adapted to serve suburban passengers.

The situation did not change much even after World War I came to an end, because structural factors in the international economy increasingly affected the situation of foreign companies based in Brazil. It was impossible to import tracks and rolling stock fast enough because of the strong demand for suck stock in Europe as industrial production rose. The Ingleza, therefore, had to manufacture part of its equipment in its workshop in Lapa, in São Paulo, where it adapted cars and locomotives with very positive results.

São Paulo, adaptando carros e locomotivas com resultados bastante positivos.

De fato, era muito grande o grau de transformação por que passava o Brasil no começo da terceira década do século XX:

"(...) Mergulhado numa crise cujos sintomas se manifestaram nos mais variados planos, o país experimentou uma fase de transição cujas rupturas mais drásticas se concretizariam a partir do movimento de 1930.

O ano de 1922, em especial, aglutinou uma sucessão de eventos que mudaram de forma significativa o panorama político e cultural brasileiro. A Semana de Arte Moderna, a criação do Partido Comunista, o movimento tenentista, a criação do Centro Dom Vital, a comemoração do centenário da Independência e a própria sucessão presidencial de 1922 foram indicadores importantes dos novos

Indeed, Brazil was going through deep transformation in the early 1930's:

"(...) Brazil was undergoing a crisis whose symptoms were felt in the most diverse areas. The country was in a phase of transition whose most dramatic changes would take place as of the movement of 1930.

The year of 1922, particularly, saw a succession of events that substantially changed the Brazilian political and cultural scenario. The Week of Modern Art; the creation of the Communist Party; the Lieutenants' Movement; the creation of Centro Dom Vital; the celebration of the Independence Centennial; and even the presidential succession of 1922 were important indicators of the new winds that were blowing, which put the cultural and political standards of the First Republic into check."[7]

TURF

COM A COMPANHIA INGLEZA

Uma reclamação que não deixará de ser attendida pelo digno chefe do trafego da São Paulo Railway, é a que fazem, por nosso intermedio, os proprietarios campineiros.

Os animaes da vizinha cidade, periodicamente embarcados para esta capital, quasi sempre para disputarem corridas, são sujeitos a innumeras manobras, durante varias horas, aos troncos, engatados os carros em que viajam nas composições de trens de carga, quando vêm de Campinas em trem de passageiros, pagando elevada tarifa.

Ainda na semana finda a potranca Beppina, do turf campineiro, despachada em trem de passageiros ás 10 e 55, só ás 17 horas foi desembarcada, tendo feito muitos vae-vens entre a Luz e o Pary, quando o seu despacho era para o Braz, sendo de accentuar que os empregados da S. Paulo Railway, na Luz, foram surdos aos reclamos do cavallariço que acompanhava a potranca e que ficou condemnado com esta á prisão, com fome e com sêde, no box.

Os animaes de corridas são sempre de valor superior ao commum dos semoventes, pelo que não podem ficar sujeitos a irregularidades a que os empregados da S. Paulo Railway, na Luz, os submettem obstinadamente, prejudicando-os sériamente.

Ao sr. Francisco Eugenio de Campos, de manifesta solicitude, damos a conhecer mais este caso, para os devidos effeitos.

---

ventos que sopravam, colocando em questão os padrões culturais e políticos da Primeira República."⁷

Mais do que as mudanças em si, havia naqueles anos uma forte percepção da transitoriedade das coisas e do mundo; por tudo havia uma aura de infixidez e de desamparo. Como mostrou Nicolau Sevcenko:

"O fato que prevalece, sobre todos os recantos do globo, transparente pela sua saturação nas grandes cidades, é a desestabilização rápida de sistemas de crenças e símbolos, secular ou milenarmente aderidos a um mundo de base técnica relativamente estável, e que se reformulam ao sabor das contingências precipitadas e uma 'nova ordem', cuja gestão, por sua própria natureza, embora se funde no planejamento, não comporta a previsibilidade.(...)"⁸

Beyond the changes, there was strong perception at that time of the transience of things and of the world. There was an aura of impermanence and helplessness around everything. As the historian Nicolau Sevcenko noted:

"The fact that prevails, throughout the world, and can be seen more clearly in large cities, is the fast destabilization of systems of beliefs and symbols which throughout centuries or millennia had adhered to a world that was relatively stable from a technical point of view. These systems are reformulated to the flavor of fast-changing contingencies and of a 'new order', whose management, by nature, is based on planning, but not on predictability.(...)"⁸

Em março de 1922 foram tiradas as fotografias que abrem a pasta rosa e que mostram, mais do que os estragos causados pela chuva, a pequenez dos homens que, sob o frio, somente na enxada, tentavam remover as montanhas de terra que impediam as linhas do trem.

The pictures that open the pink folder were taken in March of that year and show, more than the damage caused by the rain, the smallness of the men who, in the cold and only with their shovels, tried to remove the mountains of dirt that prevented trains from running

No verão de 1922 as chuvas caíram intensamente sobre a Serra, deslocando enormes quantidades de terra sobre a linha férrea, chegando a provocar o fechamento do tráfego por mais de um mês.

In the summer of 1922, the rains poured heavily on the Ridge, throwing vast amounts of dirt over the railway line, and even forcing traffic interruption for more than a month.

Segundo o historiador, a velocidade das máquinas e das transformações por que todos passavam fazia com que se sentissem numa impermanência desconcertante, por vezes até encantadora. Disseminava-se uma sensibilidade aguçada para o instável. Portanto, não foi apenas o excesso de chuva que fez fotografarem tantos desastres como os que temos na pasta rosa e no álbum preto;[9] havia mesmo uma sensibilidade maior naqueles tempos para a falta de certezas e para a percepção dessas mudanças inesperadas.

A produção cafeeira cresceu tanto entre 1921 e 1930 que os mecanismos para evitar as crises de abundância de oferta tornaram-se ineficientes e, ademais, crescia a pressão de grupos oligárquicos para que o estado assumisse ou aumentasse sua participação na administração das companhias férreas, como forma de estabelecer uma política tarifária que atendesse as expectativas e interesses do setor produtivo. Para Topik,

According to Sevcenko, the speed of machines and the transformations everyone experienced made them feel a disconcerting, sometimes enchanting impermanence. There was a disseminated sensitivity to the unstable. Therefore, it was not only the excess rain that made people portray so many disasters in the pink folder and in the black album.[9] There was indeed at that time heightened sensitivity to the lack of certainty and the perception of unexpected change.

Coffee production grew so much between 1921 and 1930 that the mechanisms to avoid a crisis for excess supply showed to be inefficient. Moreover, there was increasing pressure of oligarchic groups for the State to take over or be more active in the management of railway companies, as a means to establish a freight rate policy that would meet the expectations and interests of the farming industry. For Topik,

"Aqueles homens, longe de serem socialistas, defendiam a intervenção nas ferrovias para proteger os fazendeiros com fretes mais baratos. O governo só podia baixar as tarifas nas suas próprias linhas; nas concessões e nas linhas arrendadas ele apenas podia restringir os aumentos. Não se tratava aqui de socorro a empresas moribundas por falta de interesse do capital privado. O estado precisava arrancá-las das mãos dos 'trustes', os únicos grupos privados com recursos suficientes para assegurar o funcionamento continuado das ferrovias."[10]

Com efeito, nesse momento, teremos uma maior participação do estado na administração ferroviária no território nacional, por meio da criação de inúmeras linhas federais ou estaduais.[11] Em São Paulo, a oligarquia cafeeira, por sua classe política e en-

Those men, far from being socialists, defended railway intervention to protect farmers by charging cheaper freight rates. The government could only lower rates in its own lines. In concessions and leased lines it could only restrict increases. This was not about helping failing companies due to lack of interest from the private sector. Rather, the State needed to strip them off the hands of 'trusts', the only private groups with enough money to ensure continuous operations of railways.[10]

In fact, it was then that the State got involved in railway management nationwide, by creating several state and federal lines. In São Paulo, coffee oligarchs, by means of their political representatives and associations – such as the Commercial Association – pressured the state government to take over railway companies that were in the hands of

Deslizamentos provocados pelas chuvas do verão de 1922 exigiram trabalhos de recuperação com a participação de grande número de trabalhadores

Landslides caused by the rains of 1922 summer required repair work with participation of a large number of workers.

tidades representativas – como a Associação Comercial – pressionava o governo do estado a assumir as companhias ferroviárias em mãos de grupos estrangeiros, caso da São Paulo Railway e da Sorocabana Railway, em mãos da Brazil Railway Company.

Os empresários, por meio de seus representantes políticos e pela imprensa que defendia seus interesses, nos períodos próximos à data em que seria possível ao governo federal pedir a encampação da SPR, nos meados da década de 1920, voltavam a criticá-la de modo sistemático, pedindo seu resgate a fim de romper o monopólio que, segundo eles, causava tantos prejuízos financeiros aos paulistas.

Ao longo dos anos de 1922, 1923 e 1924 a imprensa repercutirá esse clima de confronto em artigos quase diários, onde as reclamações iam desde a péssima qualidade da água servida nos restaurantes dos trens da SPR,[12] os carros velhos e sujos que eram usados nos trens de subúrbio,[13] a chuva que caiu no interior de um carro de primeira

foreign groups, like the São Paulo Railway and the Sorocabana Railway, owned by the Brazil Railway Company.[11]

Close to the date in which it would be possible for the federal government to nationalize SPR, in the mid 1920's, the business community, through their political representatives and the press that defended their interests, systematically criticized SPR, asking for the government to nationalize it, thus putting an end to the monopoly that, according to them, caused so much financial loss to the people of São Paulo.

In the years of 1922, 1923 and 1924 the press reverberated this atmosphere of confrontation almost daily in stories, where complaints ranged from the awful quality of the water served in SPR train restaurants,[12] the old and dirty wagons used in suburban trains,[13] the rain that poured inside a first class car coming from Santos,[14]

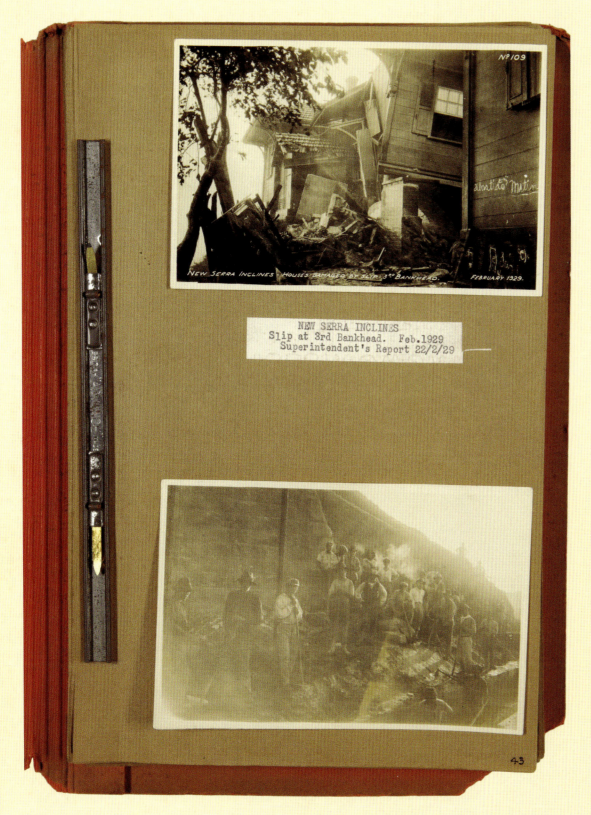

Pela maneira como as folhas foram juntadas no interior da pasta, presas por um grampo de metal, em ordem crescente de número – a última folha, de número 43, restou por cima das demais – e em quantidade coincidente com aquela do índice, vemos que se trata de um conjunto de imagens que foi composto a partir de fontes diferentes, de fotografias produzidas em situações distintas e que, num dado momento, foram arranjadas nesta pasta de papelão para compor um quadro maior dos problemas de manutenção enfrentados pela São Paulo Railway no trecho da Serra do Mar. Por isso, por terem resultado de uma seleção entre tantas outras, essas imagens são tão eloquentes no escancarar as péssimas condições em que se achava a *Ingleza* na década de 1920.

From the way the pages were put together in the folder, attached by a metal clip, in ascending numerical order – the last page, number 43, laying on top of the others – and since the number of pages matches the table of contents, we can assume that this set of images was compiled from different sources, and comprises pictures taken in different situations. At a given time, they were arranged in the cardboard folder to give a bigger picture of the maintenance problems faced by São Paulo Railway in the Serra do Mar stretch. Because they were selected among so many others, these images are very eloquent, showing the terrible conditions of the Ingleza in the 1920's.

classe vindo de Santos,[14] o desconforto provocado pelo modo como os funcionários batiam as portas dos carros – "com estrondos" –,[15] a sala de senhoras da Estação da Luz que deixou de existir porque foi transformada em recinto do Correio,[16] o mau estado em que alguns cavalos vindos de Campinas viajaram de Jundiaí até São Paulo, pois a *Ingleza* tinha acomodações totalmente inadequadas ao transporte de animais.[17] Enfim, se de um lado se trata mesmo de uma campanha para denegrir a imagem da companhia férrea britânica, por outro, vê-se claramente que a São Paulo Railway estava em sérias dificuldades, com material rodante sem renovação e em quantidade insuficiente; sem falar na força das chuvas que, verão após verão, danificavam as linhas e as instalações da Serra do Mar, obrigando a vultosas obras de reparo e manutenção.

Poucos meses depois do que as fotografias da pasta rosa documentaram para o começo de 1922, veio mais um aumento de tarifas. Como reação, saiu novo e forte artigo na *Folha da Noite*, sem autor declarado como era costume, escrito a partir do relatório da Contadoria Geral das Estradas de Ferro em que se listavam os "engannos" cometidos no despacho de mercadorias pelas treze companhias ferroviárias do Estado de São Paulo no ano de 1920; segundo o texto, enquanto as companhias do Estado tinham errado, em média, 100 vezes naquele ano, a São Paulo Railway cometera quase dois mil enganos com as mercadorias! Perguntava o sujeito porque o país criara a Inspetoria Federal de Fiscalização das Estradas de Ferro se nenhuma providência se tomava diante dos muitos problemas havidos com as mercadorias e diante do fato de que a *Ingleza* sequer fora multada por ter suspendido o tráfego de trens entre Santos e a capital por quase dois meses no começo do ano; segundo o autor, a São Paulo Railway costumava exagerar nos efeitos da chuva para justificar a demora com que restabelecia as condições de uso da linha férrea na serra; para ele, foram "pequenas barreiras que caíram".

Na primeira metade da década de 1920, as reclamações mais recorrentes nos jornais *Folha da Noite, Folha da Manhã* e *Estado de São Paulo* são as que tratam dos aumentos de tarifa[18] – às quais o governo sempre respondia com a afirmação de que nada podia fazer, pois a autonomia para decidir tarifas e a sua vinculação com as taxas de câmbio eram cláusulas contratuais que já não se podia alterar –, em seguida, vinham as denúncias da falta de vagões da SPR para a quantidade de carga a levar e a trazer de Santos. Aliás, este é um aspecto pouco mencionado quando se trata dos problemas da *Ingleza* nas primeiras décadas do Novecentos: o fato de que as

the discomfort caused by the way employees "noisily" slammed the doors,[15] the ladies room in Luz Station that no longer existed because it had been turned into a post office room,[16] the poor conditions in which some horses coming from Campinas travelled from Jundiaí to São Paulo, because the Ingleza *had completely unsuitable accommodations for animal transportation.*[17] *Finally, if on the one hand there was a campaign to hurt the image of the British railway company, on the other hand, it seemed clear that São Paulo Railway was in serious difficulties. It had not been able to renew its track and rolling stock and its quantity was insufficient. In addition, there were heavy rains that, summer after summer, damaged the railways and facilities on* Serra do Mar, *forcing the company to incur costly repair and maintenance work.*

There was a new increase in fares a few months after the facts portrayed in the pictures of the beginning of 1922, from the pink folder. As a reaction, Folha da Noite, *a newspaper, published a new striking article—by an unidentified author, as usual—written based on the report of the General Railway Accounting Office. The article listed the "mistakes" made by the 13 railway companies of the state of São Paulo when shipping cargo in 1920. According to the article, while state-owned companies had made an average of 100 mistakes that year, São Paulo Railway had made almost two thousand mistakes with cargo! The author wondered why the country had created the Federal Railway Inspection Agency, since it had not taken any measure in view of the many problems with cargo. And the* Ingleza *had not even been fined for having suspended train traffic between Santos and São Paulo for almost two months in the beginning of the year. The author added that São Paulo Railway was used to exaggerating the effects of the rain to justify the delay in reestablishing railway traffic in the ridge. According to him, after all "it was only small slopes that had fallen down".*

In the first half of the 1920's, the most recurrent complaints in Folha da Noite, Folha da Manhã *and* O Estado de S. Paulo *newspapers were the ones against fare increases.*[18] *The government replied saying that it could do nothing about the increases, since the company had the autonomy to decide on fares and their link to exchange rates as part of an agreement that could no longer be amended. The complaints that came next related to SPR's lack of wagons for the amount of cargo to be shipped to and from Santos. In fact, this is an aspect that is rarely*

Montagem de fotos do Relatório do Engenheiro-Chefe, de 1922, mostrando a devastação em um dos trechos da serra após as chuvas.

Photo montage of the 1922 Report of the Chief Engineer showing the devastation in one of the stretches of the ridge after the rains.

Folha da Noite, 21/julho/1923: instado pelo deputado Carlos Garcia, o ministro da viação respondeu por telegrama que não está acertada a prorrogação da concessão à SPR

Folha da Noite, July 21, 1923: when questioned by Representative Carlos Garcia, the Minister of Transportation answered by telegram that the extension of SPR's concession had not been decided yet.

O AUGMENTO DAS TARIFAS DA S. PAULO RAILWAY

Como a São Paulo Railway faz as suas contas ! — Enquanto cada estrada de ferro do Estado faz apenas 100 enganos por anno em seus despachos de mercadorias, a Companhia Ingleza commetteu em 1920, nada menos de 1826 enganos a seu favor!... — Para que foi criada a Inspectoria Federal de Fiscalisação de estradas de ferro ? — Isso tambem não é da alçada do sr. dr. Heitor Freire de Carvalho, fiscal do governo federal ? — Mais uma chicana da São Paulo Railway !

S. PAULO RAILWAY
AINDA NÃO FOI PROROGADO O CONTRATO

O sr. ministro da Viação, de conformidade com a solicitação do deputado paulista Carlos Garcia, informou á Camara não haver accôrdo algum nem compromisso tomado pelo governo com a São Paulo Railway, relativamente á prorogação do contrato, a findar em 1927.

Essa noticia vem do Rio transmittida pelo telegrapho.

Ainda bem que o governo pelo sr. ministro da Viação, declarou em publico que não ha nenhum compromisso tomado para a prorogação do contrato com a São Paulo Railway, a se vencer ainda em 1927.

Não era isso, entretanto, o que se dizia, no tempo do ministro Pires do Rio.

Affirmava-se a bocca pequena que a Ingleza já estava de posse de todas as "amarras", com o fim de abiscoitar a prorogação do celeberrimo contrato.

Se aquillo que se diz agora não é simplesmente uma informação de caracter méramente momentaneo, é o caso de nos felicitarmos pela liberdade conquistada contra as protensões daquella poderosa Empresa.

Registamos, pois, as declarações do actual ministro da Viação, como um documento para não se voltar atrás, de futuro. Os homens mudam tanto de idéas, as circumstancias obrigam a tanta coisa, que convém que aquella noticia fique estampada em letra redonda como uma pedrinha no sapato de qualquer resolução contraria ao que agora está dito.

Mesmo porque a prorogar-se o contrato com a Ingleza, oneroso por todos os titulos com essas oscillações cambiaes que só nos prejudicam, melhor, muito melhor seria entregar-se a exploração dessa chave ferroviaria do Estado a uma companhia nacional, de capitaes nacionaes, sem encargos de taxas oscillantes — á Companhia Paulista, por exemplo, que é sem favor nenhum a melhor organisação ferroviaria do Brasil e que poderia até servir de modelo a muita empresa estrangeira.

Meditem os verdadeiros patriótas sobre essa futura transacção, pondo o interesse do paiz acima dos transitorios e funestos interesses pessoaes.

Folha da Noite, 25/mar/1924

. SPR declarou que não aceita mais mercadorias para transporte

. Artigo pede que não se prorrogue a concessão

Folha da Noite, Mar 25, 1924.

. SPR says it will no longer accept cargo shipments

. Article requests that the concession ends

importações cresciam fortemente e exigiam que a SPR tivesse agilidade para retirar as mercadorias do Porto de Santos; em janeiro de 1924 o Centro dos Despachantes Aduaneiros de Santos enviou carta à SPR reclamando da falta de vagões para tirar do porto as mercadorias importadas que se acumulavam nos armazéns.[19]

Quanto mais próxima a data em que seria possível a encampação da SPR, mais o discurso contra a ferrovia se radicalizava. Os investimentos que o governo de São Paulo fazia para reequipar a Sorocabana,[20] entre elas a construção da linha Mayrink-Santos,[21] e as vantagens que a nacionalização das companhias férreas traria ao estado e ao país, eram os principais argumentos utilizados.

O temor de que o resgate da linha se efetivasse fez cair significativamente o valor das ações da SPR[22] e entre 1924 e 1925 a São Paulo Railway viveu sua mais grave crise.

mentioned when we address the Ingleza's problems in the first decades of 1900: the fact that imports were growing exponentially and therefore SPR had to operate faster to remove the cargo from the Port of Santos. In January 1924, the Customs Brokers Center of Santos sent a letter to SPR complaining about the lack of wagons to transport imported cargo which was accumulating in the port warehouses.[19]

As the date when the nationalization would be possible approached, the criticism against SPR became fiercer and fiercer. The main arguments were the investments made by São Paulo's government to re-equip Sorocabana,[20] including the construction of the Mayrink-Santos railway[21] and the advantages that nationalizing railway companies would bring to the state and to the country.

Fears of nationalization made SPR stock prices go down significantly[22] and between 1924 and 1925 São Paulo Railway experienced its most severe crisis.

A pasta rosa abriga fotografias de 4 relatórios distintos, produzidos entre 1922 e 1929. O primeiro bloco de imagens dessa pasta ocupa seis folhas e resulta de um relatório de março de 1922, elaborado pelo engenheiro-chefe da São Paulo Railway.

A partir da folha 7, o segundo relatório apontado pelo índice da pasta rosa é do "Dr. Mayo" e foi produzido em fevereiro de 1925, quando o transporte ferroviário paulista vivia as maiores dificuldades de sua história.

No mesmo fevereiro de 1925 o engenheiro-chefe da companhia também selecionou imagens; neste caso, as fotografias mostram principalmente os danos sofridos pela ferrovia na altura da Grota Funda, na Serra Velha.

The pink folder displays pictures of four different reports, produced between 1922 and 1929. The first set of images in this folder occupies six pages and is from a report of March 1922, prepared by São Paulo Railway's chief engineer.

As of page 7, the second report identified in the pink folder's table of contents was developed by "Dr. Mayo" and in February 1925, when São Paulo Railway was experiencing the greatest difficulties in its history.

In the same February 1925, the company's chief engineer also selected some images which showed the damages suffered by the railway at Grota Funda, in Serra Velha.

A última parte da pasta rosa é formada por 19 folhas que contêm fotografias tiradas em fevereiro de 1929 e que compõem o relatório do Superintendente da SPR.

The last part of the pink folder comprises 19 pages with pictures taken in February 1929, which were included in SPR Superintendent's report.

Imagem de 1925, incorporada ao Relatório do Engenheiro-Chefe de 1935, mostrando as rochas existentes na Ravina da Grota Funda.

Picture of 1925, included in the 1935 Report of the Chief Engineer, showing the rocks in the Grota Funda Ravine.

Como mostram as fotografias da pasta rosa de fevereiro de 1925, inclusive as do relatório de Charles Robert Mayo, os deslizamentos de terra nesse período prejudicaram bastante as instalações da *Ingleza* na Serra do Mar. Essas imagens mostram principalmente os danos sofridos pela ferrovia na altura da Grota Funda, na Serra Velha, onde os veios abertos pelos desmoronamentos atingiram em cheio o viaduto e as construções destinadas à contenção do solo. Com aproximadamente 40 fotografias, este conjunto espanta pelo contraste que estabelece entre a grandiosidade dos danos sofridos e a pequenez dos recursos e da capacidade de atuação humana de que se dispunha na ocasião. As muitas imagens da Serra Velha presentes nos relatórios deste mês indicam, certamente, a percepção de que era necessário fazer as obras para recuperá-la e mantê-la em uso a fim de aumentar a capacidade de transporte no trecho da Serra do Mar.

As shown in the pink folder's pictures of February 1925, including those in Mayo's report, landslides in the period greatly damaged the Ingleza's *facilities in* Serra do Mar. *These images mostly show the damages suffered by the railway at* Grota Funda, *in Serra Velha, where the streaks opened by landslides fully hit the viaduct and soil retaining walls. With approximately 40 pictures, this set is surprising because of the contrast it shows between the grandness of the damages suffered and the scarcity of resources and human capacity available at the time. The many images of Serra Velha present in these reports certainly indicate that it was necessary to recover the area and keep it in use to increase transportation capacity in the Serra do Mar stretch.*

In addition to the rains at the ridge that damaged the Ingleza's railway lines and facilities, between 1924 and 1925, there was a major congestion of wagons

Nesta página e na anterior, imagens de 1925 mostrando danos sofridos pela ferrovia, na Serra Velha, em virtude das fortes chuvas e dos deslizamentos delas decorrentes.

In this page and in the previous one, pictures of 1925 showing the damage suffered by the railway in Serra Velha, because of the strong rains and resulting landslides.

Não bastassem as chuvas na serra para avariar as linhas e as instalações da Ingleza, houve, entre 1924 e 1925, um grande congestionamento de vagões e cargas nos depósitos e armazéns do Porto de Santos. O acúmulo de carros, vagões e mercadorias em Santos ocorria principalmente por problemas de estrutura, tanto no porto, com dezenas de embarcações aguardando vaga para atracação, quanto na ferrovia, devido aos problemas técnicos nos planos inclinados ou aos acidentes naturais fartamente documentados. Em pelo menos dois momentos, entre 1894-1895 e entre 1924-1925, tais congestionamentos foram mais intensos, com as respectivas concessionárias monopolistas – Companhia Docas de Santos, pelo porto,[23] e São Paulo Railway, pela ferrovia – acusando-se mutuamente.

Além de opor a São Paulo Railway à Companhia Docas, esse conflito envolveu especialistas e boa parte da elite de São Paulo e do país, que se pronunciavam

and cargo in the warehouses and storage rooms of the Port of Santos. The accumulation of cars, wagons and cargo in Santos was mainly due to infrastructure problems, both at the port, with tens of vessels waiting to dock, and in the railway, due to technical problems at the inclines or to the vastly documented natural accidents. At least twice, from 1894-1895 and 1924-1925, such congestions were more intense, with the respective monopoly concessionaires – Companhia Docas de Santos, on the port side,[23] and São Paulo Railway, on the railway side – exchanging mutual accusations.

In addition to the confrontation between São Paulo Railway with Companhia Docas, this conflict involved specialists and a large part of the elite of São Paulo and Brazil. They voiced their opinion on technical reports, trade association newsletters, political speeches etc., offering several solutions to avoid transpor-

por meio de relatórios técnicos, boletins de entidades de classe, discursos políticos etc., oferecendo diversas soluções para evitar o colapso dos transportes. As conclusões a respeito das causas dessa crise, denominada na época de "Magno Problema", decaíram na impossibilidade da linha férrea Santos-Jundiaí dar conta do escoamento da produção agrícola do interior de São Paulo com a rapidez e agilidade necessárias, por conta do funil que os planos inclinados representavam. Em um documento enviado, no final de 1925, ao Presidente do Estado e ao Ministro da Viação e Obras Públicas, as associações representativas do comércio, da indústria e da lavoura paulista, faziam um longo e detalhado retrospecto das crises no porto de Santos, apurando responsabilidades e concluindo que:

> "(...) a crise que hoje flagela São Paulo e os demais Estados tributários do porto de Santos é um fenômeno que se vem repetindo, periodicamente, com frequência assustadora, e com caráter cada vez mais grave, desde o estabelecimento da nossa única via férrea para o litoral. Os prejuízos decorrentes dessas perturbações devem já atingir, para a economia do Estado, em período relativamente curto, talvez a cerca de 'um milhão de contos de réis', ou mais, a julgar pelos ultimamente calculados. Só esta cifra que, ao representar um cálculo arbitrário, dá ideia da extensão dos desastres que nos têm custado a nossa imprevidência de entregar a uma única empresa os serviços de transportes terrestres de todo o comércio de importação e exportação do Estado, tornando a nossa prosperidade dependente da boa ou má administração dessa empresa. Basta que falte material rodante na estrada ou que os seus serviços se perturbem por defeito de organização ou por qualquer outro motivo para que toda a vida econômica do Estado sofra os mais sérios abalos.
> Tal situação grita por um corretivo que venha pôr definitivamente a produção e o comércio paulistas a salvo das surpresas que, com tão intolerável frequência vêm, desde a inauguração do regime do monopólio das comunicações com a costa e, portanto, com o mundo, perturbando a marcha do nosso progresso."[24]

tation collapse. The cause of the crisis, known at the time as the "Great Problem", was believed to be the impossibility of the Santos-Jundiaí railway line to ship the produce of the farms of the state of São Paulo with the necessary speed and agility, because of the funnel created by the inclines. At the end of 1925, associations representing the state trade, manufacturing and farming industries sent a document to the State President and to the Minister of Roads and Public Works. In the document they gave a long and detailed account of the Port of Santos crisis; they examined responsibilities and concluded that:

> "(...) the crisis today affecting São Paulo and other states which depend on the Port of Santos is a phenomenon that takes place periodically, actually with scary frequency, and is more severe each time, since the establishment of our single railway to the seaside. The losses resulting from such disruptions should amount to approximately 'one million contos de réis' or more over a relatively short period of time. This figure alone, arbitrary as it may be, gives us an idea of the extent of the disasters caused by our want of foresight. Entrusting all land transportation of the state's imports and exports to a single company has cost us a great deal, and our prosperity is now dependent on this company's good or poor management. A simple shortage of rolling stock on the railway or its services being affected by some organizational problem or any other reason, and the State's whole economic life will be deeply hurt.
> Such situation claims for a solution to safeguard São Paulo's production and trade from nasty surprises which have too often hurt our progress since the beginning of the monopoly of railway to the seaside, and therefore to the world."[24]

The several documents and articles produced in the period about the issue generally blamed the crises in the port on the restrictions of SPR's railway lines. More specifically, on three restrictions: the fact that each train's maximum load

Fotos do Relatório do Engenheiro-Chefe de 1929, mostrando a destruição da Ponte Seca, na Serra Velha, provocada por deslizamento.

Photos of the 1929 Report of the Chief Engineer, showing the destruction caused by landslides in the Dry Bridge in Serra Velha.

Em algumas das fotografias do relatório do "Dr.Mayo" está posando um homem bem vestido, de chapéu. A distância com que a foto foi tirada e a qualidade resultante na imagem não permitem, contudo, afirmar que se trata do próprio Charles Robert Mayo; dada a envergadura da crise vivida naquele momento, é bastante provável que Mayo tenha vindo ao Brasil naqueles meados dos anos de 1920 para conhecer de perto os problemas da São Paulo Railway.

There is a well-dressed man, wearing a hat, posing in some of the pictures in Mr. Mayo's report. However, because of the distance from which the photo was taken and its quality, it is impossible to say it is Charles Robert Mayo himself. Given the seriousness of the crisis at that time, it is very likely that Mayo came to Brazil in the mid 1920's to learn about the problems of São Paulo Railway.

ANNO XVI   **4 DE JUNHO DE 1925**   **VOL. XXVIII — N. 401**

Brazil-Ferro-Carril

REVISTA SEMANAL DE TRANSPORTES, ECONOMIA E FINANÇAS

Premiada na Exposição Universal de Turim

Redacção e Administração : Avenida Rio Branco n. 117, 3.º — Rio de Janeiro

End. teleg. : FERROCARRIL   Caixa postal 559   Telephone: NORTE 6.138

Redactor-chefe : ALVES DE SOUZA   Director-proprietario : FELIX CELSO   Gerente : VICENTE CALAMELLI

Com a collaboração dos mais notaveis engenheiros e economistas do paiz

A REFORMA DO CONTRACTO DA INGLEZA

(Da nossa Agencia em São Paulo)

Dentro de pouco tempo, em 1927, o Governo Federal, pelos termos do contracto, terá a faculdade de assumir a direcção da "São Paulo Railway", por encampação.

Tal é a importancia commercial dessa Estrada, chave do progresso de São Paulo e regiões visinhas, que o assumpto desde já preoccupa todas as attenções e vem sendo accesamente discutido. Mas, aqui em São Paulo o que ha é principalmente uma exploração feroz contra a companhia e que não póde passar sem o protesto das consciencias imparciaes e honestas, não só pelas graves injustiças que envolve, como pelo revoltante impatriotismo de que se reveste.

O porto de Santos desde algum tempo acha-se congestionado, o que prejudica não só o commercio e a população de São Paulo, mas o Brazil inteiro.

Esta revista desde muito vem se batendo pelo aperfeiçoamento dos nossos serviços portuarios, a começar pelos de estiva. As demoras e complicações que os navios soffrem nos portos têm os peiores effeitos economicos. Afugentam as companhias de navegação e determinam que os fretes sejam mais caros para os nossos, a distancia menor, do que para os portos do Prata. Em Santos ha navios que esperam um e dois mezes para atracar! E' simplesmente uma calamidade.

Mas é indispensavel fazer uma distribuição equitativa das culpas entre os serviços a cargo das Dôcas, da Alfandega e da Ingleza.

Esta tem ultimamente augmentado de centenas de carros o seu material rodante. Os maiores esforços, porém, realizados em tal sentido resultam insufficientes. Já se tem dito que fazer passar todo o trafego de exportação e importação da zona tributaria do porto de Santos pelas linhas que a Ingleza hoje possue é o mesmo que querer fazer passar uma cachoeira por um funil.

A imagem é, até certo ponto, verdadeira. Mas a situação da companhia é excepcionalmente delicada. Que poderá ella fazer, manda o bom senso indagar, sem saber ao certo, das intenções do Governo Federal?

A construcção de linhas novas e todos os melhoramentos necessarios para dar vazão a um trafego sempre crescente custarão muitos milhões de libras. E esse capital é impossivel de mobilizar sem que se lhe garanta a estabilidade do emprego e a legitima remuneração.

A campanha contra a Ingleza, é bem de vêr, é uma campanha de imprensa.

O "Estado de São Paulo" está hoje conjugado ao "Jornal" do Rio e conta aqui com uma especie de sentinella avançada, o "Diario da Noite". A gente que escreve é a mesma, tudo sob a transcendente inspiração do Sr. Julio de Mesquita. Este velho e illustre

jornalista é, como toda gente sabe, um Edmundo Bitencourt provinciano. Vive no desejo permanente de mandar, de influir em tudo, de empolgar, emfim, o Brazil. Querem agora os do seu grupo expulsar do paiz os capitalistas da Ingleza como querem fazer futuro Presidente da Republica e querem tudo mais. O Brazil, apezar da sua immensidão, é pequeno para esses megalomanos.

O "Estado" mantem, por via de regra, a gravidade que lhe compete como matriz dessa empreza de conquista nacional. Mas o "Jornal" e o "Diario da Noite" estes não têm peias, agem francamente, vão tratando de desbravar o caminho.

Para crear ambiente contra a Ingleza, o "Diario da Noite" accusou-a de estar fazendo exigencias descabidas, de querer metter o paiz no bolso. Gato ruivo do que usa cuida...

Como o grupo do Sr. Julio de Mesquita mostra-se permanentemente disposto a tomar conta disto, pensa que toda a gente pretende o mesmo...

Chegaram as accusações infundadas a tal ponto, havia affirmações tão extravagantes que o "Correio Paulistano" foi obrigado a contestal-as officialmente. Diante desse desmentido categorico o "Diario da Noite" bateu em retirada, resumindo o que dizia serem as pretensões da Ingleza nos seguintes pontos que, como se verá, nada têm de extraordinarios:

"1) — Que a Ingleza está pleiteando perante o Governo Federal a renovação do seu contracto.

2) — Que o Governo do Estado tem pleno conhecimento dessas negociações.

3) — Que taes negociações, que já vêm sendo conduzidas ha tempos, estão bastante adiantadas e prestes a chegar ao seu termo.

4) — Que a Ingleza se propõe a construir uma nova linha para Santos, a qual será de simples adherencia.

5) — Que a Ingleza pretende que o Governo abra mão do seu direito de encampação".

Mas, está claro, essa retirada foi por 24 horas apenas. Pouco se incommodando com as suas contradicções e com os flagrantes de inverdade em que havia sido apanhado o "Diario da Noite" não tardou em voltar a proclamar que a Ingleza queria, no minimo, transformar o Brazil em colonia britannica...

Num desses communicados fantasiados, que não chegam a esconder a obra da propria redacção, o "Diario da Noite", imaginando uma alliança entre os Rots-

---

Em edição de 4 junho de 1925, a revista *Brazil-Ferro-Carril* critica a campanha contra a *Ingleza*, que classifica como "exploração feroz contra a companhia".

In its issue of July 4, 1925, the Brazil-Ferro-Carril magazine criticized the campaign against Ingleza, which it classified as "fierce exploration against the company".

NEW SERRA INCLINES - SLIP AT 3RD BANKHEAD — FEBRUARY 1929.

Os diversos documentos e artigos produzidos no período sobre este assunto, de modo geral, apontavam as três principais restrições da linha da SPR como causa central para as constantes crises portuárias: a tonelagem máxima de cada trem ser limitada pela capacidade das máquinas fixas; a baixa velocidade das composições no trecho de serra devido, também, à potência das máquinas fixas; o comprimento dos trens limitado pela extensão dos desvios e pontos de cruzamento.

Dentre as várias soluções apresentadas, a encampação da São Paulo Railway e a construção de uma via férrea de simples aderência eram as mais solicitadas.[25] Além dos argumentos usuais, os avanços tecnológicos apresentados pela indústria ferroviária que, desde o início do século XX, oferecia máquinas com capacidade de tração muito superior ao material utilizado pela *Ingleza*, eram dados como exemplo de que o fim do monopólio no acesso ao porto permitiria a construção de linhas mais eficientes.

depended on the capacity of stationary engines; the low speed of the trains on the inclines, again because of the power of stationary engines; and the length of the trains which was limited by the length of railway sidings and crossings.

Among several possible solutions, the nationalization of São Paulo Railway and the construction of an adhesion railway were the preferred ones.[25] The associations put forward examples of the technological advances developed by the railway industry as arguments to support the idea that breaking SPR's monopoly would allow the construction of more efficient railways. The new technology that had been developed since the beginning of the 20th century included, for instance, engines whose traction capacity was much greater than those used by the Ingleza.

Despite its concern, SPR did not believe it would lose the railway on the ins-

Nesta página e na anterior, fotos do Relatório do Engenheiro-Chefe de 1929, mostrando efeitos de deslizamento. A cruz suástica que aparece em um vagão-tanque nada tem a ver com o nazismo, sendo um símbolo utilizado pela empresa Anglo-Mexican (Grupo Shell) na época, cujo uso foi posteriormente abandonado.

In this page and in the previous one, photos of the 1929 Report of the Chief Engineer, showing the effects of a landslide. The Swastika seen on the tank wagon had nothing to do with Nazism, and was a symbol used by the Anglo-Mexican Company (Shell Holding) at that time, whose use was later abandoned.

Apesar dos temores, a SPR não acreditava que perderia a linha na data da inspeção, entre 1926 e 1927, pois o custo da encampação era tão alto que seria quase inviável sua efetivação;[26] além do mais, era preciso considerar que o contrato de concessão da linha terminaria, em definitivo, em 1946, ou seja, dali a vinte anos.

De fato, o transporte entre Jundiaí e a cidade de São Paulo, e desta capital até o principal porto do país, permaneceu sob o monopólio dos britânicos da São Paulo Railway por mais vinte anos. Nos estertores da década de 1920, no decorrer daqueles meses e anos, não melhoravam as condições em que atuava a companhia: a economia internacional dava constantes sinais de recuo,[27] e em 1928 as chuvas do verão castigaram novamente o litoral e a serra de São Paulo.

Nos primeiros dias de março de 1928 os jornais informavam que a Inspetoria

pection date, between 1926 and 1927, because the high cost for nationalizing the railway rendered it practically unfeasible.[26] Moreover, SPR took into consideration the fact that the concession contract would not end until 1946, that is, in twenty years' time.

Indeed, transportation between Jundiaí and the city of São Paulo and from São Paulo to the country's main port remained under the British monopoly of São Paulo Railway for another twenty years. In the late 1920's, along those months and years, the company's operating environment would not improve as the international economy kept retracting.[27] In 1928, summer rains once again devastated the seaside and São Paulo's ridge.

On the first days of March 1928, the newspapers informed that the General Inspection Office had ordered São Paulo Railway to intensify traffic until it

As fotografias do álbum preto, produzidas após as chuvas de 1928, carregam inscrições a lápis no verso, onde números salteados revelam uma série, pois vão de 400 e pouco até quase 800. Com efeito, um olhar atento descobre no canto inferior esquerdo de cada folha deste álbum uma pequenina inscrição a lápis que indicava, antes da colagem, qual imagem deveria ser fixada ali; assim, a primeira folha, com a imagem de Santos, tem o número 483, a segunda o 489 e assim por diante.

Esta fotografia, a que leva o número 594 inscrito no seu verso, está descolada e permanece pegada ao álbum por um clipe já velho. A foto 594 parece ter sido bastante utilizada fora deste seu lugar, pois só ela tem um carimbo da Fox & Mayo no verso – que servia para lembrar a quem pertencia quando estivesse longe do álbum – e está num estado de conservação diferente das outras fotografias, com uma ponta já deteriorada no lado direito e um furo no canto superior esquerdo. De acordo com sua legenda, é a imagem que mostra mais túneis e viadutos; daí, seguramente, decorre o fato de ter sido a mais usada.

The black album pictures that were taken after the rains of 1928 have pencil notes on their back, where skipped numbers reveal a series, going from 400 to almost 800. Indeed, a close look unveils on the left lower corner of each page of this album a small pencil inscription indicating, before the pictures were stuck to the album, which image should be put where. Thus, the first page, with the image of Santos, bears number 483, the second bears number 489 and so on.

This picture, which bears the number 594 on its back, is detached from the album and held in place by a now old clip. Picture 594 seems to have been often removed from its place, since it is the only one that has a Fox & Mayo stamp on the back, to remind who it belonged to. This picture is also in a different status of conservation as compared to the others, with the right tip already deteriorated and a hole in the upper left corner. According to its legend it is the image that shows the most tunnels and viaducts. This is certainly the reason why it has been the most used.

No dia 13 de março de 1928, o jornal *O Estado de S. Paulo* destacava, em sua página 5, o desmoronamento do Monte Serrat.

On March 13, 1928, the newspaper O Estado de S. Paulo *announced, on its page 5, the landslide of Mount Serrat.*

Geral ordenara à São Paulo Railway intensificar o tráfego até alcançar a capacidade máxima nos planos inclinados e o uso do maior número de trens para dar cabo das milhares de toneladas de mercadorias que se encontravam no Porto de Santos. Naquela altura estava-se longe dos números que provocaram a grande crise de congestionamento em 1925, mas já se fazia necessário tomar as medidas de precaução que evitassem novo colapso.[28]

No sábado 10 de março de 1928, em pleno mês das águas no verão tropical, ainda de madrugada, por volta das 5 horas da manhã, a cidade de Santos ouviu alguns estrondos e foi tomada pelo susto de ver um grande bloco de terra desprender-se do Monte Serrat. A população correu para o local, onde se via o rastro vermelho, "como uma ferida aberta", e uma série de edificações soterradas; a parte do morro que ruiu cobriu uma área aproximada de 7 mil m², onde viviam

reached the maximum capacity of the inclines and to use the largest number of trains possible to handle the thousands of tons of cargo that were stuck at the Port of Santos. At that point, the company was far from the numbers that led to the major congestion of 1925, but precautionary measures to avoid a new collapse were needed.[28]

It was Saturday, March 10, 1928, the month of tropical summer showers. It was still dark, around 5 a.m., when the city of Santos heard some roaring and was taken aback by a large block of earth coming down from Mount Serrat. The population rushed to the site, where a red streak, "like an open wound", could be seen, together with many buried buildings. The part of the mount that had come down covered an area of approximately seven thousand square meters, where 200 people lived. Most of the left ward of Santa Casa da Misericórdia, a

Fotografias do Relatório do Superintendente da SPR mostram a interrupção da linha na Serra Nova, em fevereiro de 1929.

Pictures of SPR's Superintendent's Report showing the interruption of Serra Nova railway line in February 1929.

umas 200 pessoas; a maior parte da ala esquerda da Santa Casa de Misericórdia foi atingida, inclusive o necrotério.

Durante todo o dia trabalhadores da São Paulo Railway, da Docas e da Companhia City lutaram junto a outros voluntários no resgate dos sobreviventes. No começo da noite, haviam encontrado 17 cadáveres e a Companhia City forneceu a luz para que continuassem trabalhando no escuro.

Três dias depois do acontecido, o *Estado de S.Paulo* publicou extensa matéria, por onde sabemos que o total das vítimas do acidente chegou a 49 pessoas.

Rapidamente, alguns analistas tentaram evitar que o vultoso desastre de Santos pudesse ser tomado como justificativa para os transtornos causados pela São Paulo Railway. Avaliando a gravidade do acidente, um deles afirmava que "o phenomeno, em menor escala, é comuníssimo nas estradas de ferro", mas que "é

charity hospital, was hit, including its morgue.

Throughout the day, employees from São Paulo Railway, Docas and Companhia City and volunteers strove to rescue survivors. In the beginning of the night, they had found 17 corpses and Companhia City provided the light for them to keep working in the dark.

Three days after the event, O Estado de S. Paulo *published a long article, saying that the total number of victims in the accident was 49 people.*

Soon some analysts tried to prevent that the huge disaster of Santos were used as a justification for the disruptions caused by the São Paulo Railway. Assessing the size of the accident, one of them stated that "the phenomenon, at a smaller scale, is very common in railways", but "it is incredibly rare in those railways that are well managed, where slopes are always under the surveillance

Fotografias do Relatório de 1929, elaborado pelo Superintendente da *Ingleza*. As imagens mostram os trabalhos para consertar os estragos na Serra Velha.

Pictures of 1929 Report prepared by the Superintendent of Ingleza. *The images show the work to repair damages in* Serra Velha.

raríssimo nas estradas de ferro bem administradas, onde os cortes estão sempre sob vigilância dos funcionários de conservação."[29]

Em fevereiro de 1929 novo relatório fotográfico foi produzido, desta vez pelo Superintendente da SPR. Na pasta rosa, esse relatório é formado por dezenas de fotografias, que vão da folha 25 à 43.

Mais do que os estragos, essas fotografias mostram homens em grande número trabalhando, na Serra Nova e na Serra Velha, inclusive na construção de uma ponte temporária nesta última.

Embora os problemas com o transporte ferroviário que acessava o litoral fossem mesmo preocupantes, é preciso que matizemos tanta reclamação tendo em conta que os cafeicultores e grandes negociantes paulistas tinham verdadeiro interesse no controle do transporte de suas mercadorias e, mais ainda, no con-

of conservation employees."[29]

A new photographic report was produced in February 1929, this time by the SPR Superintendent. This report is in the pink folder, and comprises tens of pictures, from page 25 to 43.

More than the damages, these pictures show a large number of men working, in Serra Nova *and* Serra Velha, *where they were building a temporary bridge.*

Although the problems with railway transportation to the seaside were indeed worrisome, we have to discount the number of complaints at that time considering that coffee growers and São Paulo's business community were truly interested in taking control of the transportation of their cargo to the port. And more, they were interested in the control they could have over the railway company if it were controlled by the state or federal government. That was the reason for such broad campaign to

Em anúncio das máquinas de calcular Brunsviga publicado na *Folha da Noite* de 14 de julho de 1923, a São Paulo Railway é destacada com uma das usuárias, com 75 desses equipamentos – o que mostra o prestígio de que ainda desfrutava.

In an ad of Brunsviga calculators, published in Folha da Noite on July 14, 1923, São Paulo Railway is mentioned as one of its users, with 75 pieces of that equipment – which showed the prestige it still enjoyed then.

---

trole que poderiam exercer sobre a companhia férrea que levava ao porto se esta fosse comandada pelo governo, estadual ou federal. Daí tão grande campanha de exposição das mazelas da *Ingleza*.

Os mesmos jornais que carregavam nas tintas contra a SPR traziam aqui e ali sinais do prestígio de que a *Ingleza* ainda gozava na sociedade. Basta ver os muitos anúncios das celebridades que chegavam à capital nos trens da SPR, dos inúmeros campeonatos esportivos em que os funcionários da SPR eram vitoriosos e até uma propaganda de máquinas de calcular que foi veiculada por anos seguidos e que mencionava, em primeiro lugar na lista dos seus clientes, a São Paulo Railway, que fazia uso de 75 máquinas em seus escritórios.

Entre os documentos de Charles Robert Mayo algumas fotografias avulsas guardadas num grande envelope pardo mostram que a São Paulo Railway, por meio

expose the problems of Ingleza.

The same newspapers that pursued a campaign against SPR would give signs here and there that the Ingleza *still enjoyed some prestige in society. Signs included news about many celebrities who arrived to the capital on SPR's trains; or the several sports tournaments won by SPR's employees, and even the advertisement of a calculating machine that was published for many years and which mentioned São Paulo Railway, that used 75 machines in its offices, as the first client in their list.*

Among Charles Robert Mayo's documents, some pictures kept into a large brown envelope show that São Paulo Railway, through Fox & Mayo consultancy, acquired new equipment in the years in which the crisis worsened.

In fact, the very existence of the documents from Fox & Mayo consulting, the pink

Nesta página e na seguinte, imagens do álbum preto em que são vistos os inúmeros desmoronamentos.

On this page and the next, pictures of the black album showing countless landslides.

da consultoria da Fox & Mayo, adquiriu novos equipamentos nesses anos em que a crise agudizou-se.

De todo modo, a existência mesma, entre os documentos da consultora Fox & Mayo, da pasta rosa, com as imagens dos desastres entre 1922 e 1929, e do álbum preto, com as fotos aéreas de 1928, constituem indicadores de que a São Paulo Railway procurava atuar diante das dificuldades, bem como seus fornecedores e consultores.

Ao que parece, as imagens do álbum preto procuraram mostrar a linha em um período imediatamente posterior às chuvas ocorridas no verão de 1928 e que causaram sérios estragos no trecho de serra. Além de documentarem um momento de crise para a São Paulo Railway, essas imagens mostram também as significativas mudanças provocadas em São Paulo devido à presença dessa estrada de ferro.

Entre as últimas décadas do século XIX e as primeiras do XX, a capital paulista

folder, with images of disasters between 1922 and 1929, and the black album, with its aerial pictures of 1928, is indicative that São Paulo Railway, as well as its suppliers and consultants, sought to take action when difficulties arose.

It seems that the black album photos tried to show the railway line immediately after the rains of the summer of 1928 which caused severe damage to the ridge stretch. In addition to documenting a moment of crisis for São Paulo Railway, these images also show the significant changes brought about in São Paulo by the railway.

Between the last decades of the 19th century and the first decades of the 20th century, São Paulo went through deep transformation, at an amazing speed. From 1890 to 1920, the number of inhabitants in São Paulo increased almost tenfold, going from around 65,000 inhabitants in 1890 to approximately 600,000 in 1920. Half of these were foreigners, mainly European, like Italians, Portuguese,

Vista aérea do centro de São Paulo no momento de transformações urbanísticas como a duplicação da Avenida São João e a construção do Edifício Martinelli, que se encontrava quase concluído. A foto ainda nos mostra alguns dos mais representativos espaços e edificações da cidade, como o Vale do Anhangabaú, ostentando ainda o perfil adquirido na década de 1910, o primeiro Viaduto do Chá, implantado em 1892, o Teatro Municipal, inaugurado em 1911, além do novo prédio dos Correios e Telégrafos, concluído em 1922.

Aerial view of downtown São Paulo showing urban transformations such as the duplication of São João Avenue and the construction of Edifício Martinelli, which was almost complete. The black album picture also shows one of the most representative sites and buildings in the city. The Anhangabaú valley is seen as it was in the 1910's; the first Chá Viaduct, built in 1892, and the Municipal Theater, opened in 1911, in addition to the new Postal Services building, completed in 1922.

transformou-se de forma impressionante, numa velocidade espantosa. Entre os anos de 1890 e os de 1920, São Paulo aumentou em quase dez vezes o número de seus habitantes, tendo passado de algo em torno de 65 mil habitantes em 1890 para aproximadamente 600 mil em 1920, sendo quase a metade deles formada por estrangeiros, principalmente europeus, como italianos, portugueses, espanhóis, germânicos, suíços, poloneses e outros. Nesse período, a capital ganhou uma infraestrutura urbana e de serviços que gerou mudanças no modo de vida da população: linhas e estações ferroviárias, linhas de bonde, mercados e praças, iluminação pública, água encanada e esgoto, novos estabelecimentos de ensino e de saúde, telefone, restaurantes, hotéis, bares etc. Diretamente, a economia cafeeira trouxe inúmeras atividades à cidade de São Paulo, como bancos, companhias ferroviárias, comércio de maquinários; aos poucos, essa efervescência impulsionava a industrialização na capital e nas regiões mais próximas às linhas férreas.

Spaniards, Germans, Swiss, Polish, and others. In this period, the capital gained urban infrastructure and services that generated changes in the population's way of life such as railway lines and stations; cable car lines; markets and squares; public lighting; water and sewage installations; new schools and hospitals; telephones; restaurants; hotels, bars, etc. The coffee economy was directly responsible for several activities in the city of São Paulo, like banking, railway companies, and machinery trade. Little by little, this effervescence drove industrialization in the capital and regions closer to the railway lines.

Notas referentes a Parte III

[1] GRAHAM, Richard. *Grã-Bretanha e o início da modernização do Brasil:* 1850-1914. São Paulo: Brasiliense, 1973, p.341-343.

[2] Dentre as locomotivas encomendadas pela SPR nesta época, destacam-se os modelos *Ten Wheeler, Consolidation, Pacifics, Garrats e Berkshire Tank*. Esta última, por suas avançadas características técnicas, tornou-se a frota de locomotivas mais numerosa da empresa. Cf. LAVANDER JR., Moysés e MENDES, Paulo Augusto. *SPR, Memórias de uma inglesa*: a história da concessão e construção da primeira ferrovia em solo paulista e suas conexões. São Paulo: Clanel Artes Gráficas, 2003, p. 205.

[3] ARIAS NETO, José Miguel. Primeira República: economia cafeeira, urbanização e industrialização. IN: FERREIRA, Jorge e DELGADO, Lucilia de Almeida Neves (org.). *O Brasil Republicano I*. O tempo do liberalismo excludente: da Proclamação da República à Revolução de 1930. Rio de Janeiro: Civilização Brasileira, 2006, p.206.

[4] Cf. HOBSBAWM, Eric. *Era dos extremos*: o breve século XX, 1914-1991. São Paulo: Companhia das Letras, 1995, p.203. Nesta passagem, Hobsbawm baseia-se em Michael Barratt Brown, no livro *After imperialism*, publicado em 1963.

[5] FREYRE,Gilberto. *Ingleses no Brasil*: aspectos da influência britânica sobre a vida, a paisagem e a cultura do Brasil. Rio de Janeiro: Topbooks, 2000, p. 62.

[6] Segundo Langenbuch: *"as ferrovias conferiram às faixas por elas servidas uma vocação suburbana, no início das operações apenas incipiente, e às estações ferroviárias uma vocação de polarização da industrialização e do povoamento suburbano. Os 'povoados-estação' seriam os 'embriões' de importantes núcleos suburbanos da atualidade"*. Cf. LANGENBUCH, Juergen Richard. *A estruturação da grande São Paulo*: estudo de geografia urbana. Rio de Janeiro: IBGE, 1971, p. 87.

[7] FERREIRA, Marieta de Moraes. PINTO, Surama Conde Sá. A crise dos anos 1920 e a Revolução de 1930. IN: FERREIRA, Jorge e DELGADO, Lucilia de Almeida Neves (orgs.). *O Brasil Republicano I*: o tempo do liberalismo excludente, da Proclamação da República à Revolução de 1930. Rio de Janeiro: Civilização Brasileira, 2006, p.389.

[8] SEVCENKO, Nicolau. *Orfeu extático na metrópole*: São Paulo, sociedade e cultura nos frementes anos 20. São Paulo: Companhia das Letras, 1992, p.310.

[9] Na época, outros conjuntos de fotografias dos acidentes na Serra do Mar foram produzidos; entre os conhecidos estão alguns do acervo da RFFSA. Veja-se, por exemplo: LAVANDER JR, Moysés e MENDES, Paulo Augusto. *SPR, Memórias de uma Inglesa*: a história da concessão e construção da primeira ferrovia em solo paulista e suas conexões. São Paulo, 2005, p.186-ss.

[10] TOPIK, Steven. *A Presença do Estado na Economia Política do Brasil:* 1889-1930. Rio de Janeiro: Record, 1987, p.121.

[11] Entre 1889 e 1930, o percentual de ferrovias particulares caiu de sessenta e seis por cento para trinta e um por cento. Cf. TOPIK, Steven. op.cit. p. 122.

[12] *Folha da Noite,*17 de abril de 1923, p. 2

[13] *Folha da Noite,* 30/maio/1922, p.2.

[14] *Folha da Noite,* 22/janeiro/1923, p.1.

[15] *Folha da Noite,* 17/abril/1923, p.2.

[16] *Folha da Noite* em 12/janeiro/1923, p.4.

[17] *Folha da Manhã,* 12/março/1926, p.9.

Footnotes referring to Part III

[1] GRAHAM, Richard. *Grã-Bretanha e o início da modernização do Brasil:* 1850-1914. São Paulo: Brasiliense, 1973, p.341-343.

[2] Among the locomotives ordered by SPR at the time are the *Ten Wheeler, Consolidation, Pacifics, Garrats, and Berkshire Tank* models. The latter was chosen to make up the company's largest locomotive fleet, thanks to its state-of-the-art technical features. Cf. LAVANDER JR., Moysés e MENDES, Paulo Augusto. *Memórias de uma inglesa:* a história da concessão e construção da primeira ferrovia em solo paulista e suas conexões. São Paulo: Clanel Artes Gráficas, 2003, p. 205.

[3] ARIAS NETO, José Miguel. Primeira República: economia cafeeira, urbanização e industrialização. IN: FERREIRA, Jorge e DELGADO, Lucilia de Almeida Neves (org.). *O Brasil Republicano I*. O tempo do liberalismo excludente: da Proclamação da República à Revolução de 1930. Rio de Janeiro: Civilização Brasileira, 2006, p.206.

[4] Cf. HOBSBAWM, Eric. *The Age of Extremes:* The short Twentieth Century, 1914-1991. London: Abacus, 1995, p.204. In this extract, Hobsbawm is based on Michael Barratt Brown, in the book *After Imperialism,* published in 1963.

[5] FREYRE, Gilberto. *Ingleses no Brasil:* aspectos da influência britânica sobre a vida, a paisagem e a cultura do Brasil. Rio de Janeiro: Topbooks, 2000, p. 62.

[6] According to Langenbuch, little by little, the locations served by the railways grew into suburbs, while stations became the focal point of suburban villages and industrial districts. The *'station-villages' would be the 'embryos' of important suburban centers of today.* Cf. LANGENBUCH, Juergen Richard. *A estruturação da grande São Paulo:* estudo de geografia urbana. Rio de Janeiro: IBGE, 1971, p. 87.

[7] FERREIRA, Marieta de Moraes. PINTO, Surama Conde Sá. A crise dos anos 1920 e a Revolução de 1930. IN: FERREIRA, Jorge e DELGADO, Lucilia de Almeida Neves (orgs.). *O Brasil Republicano I*: o tempo do liberalismo excludente, da Proclamação da República à Revolução de 1930. Rio de Janeiro: Civilização Brasileira, 2006, p.389.

[8] SEVCENKO, Nicolau. *Orfeu extático na metrópole:* São Paulo, sociedade e cultura nos frementes anos 20. São Paulo: Companhia das Letras, 1992, p.310.

[9] At the time, other sets of pictures of accidents at *Serra do Mar* were produced. Some of the best known are part of the Rede Ferroviária Federal collection. See, for example: LAVANDER JR, Moysés e MENDES, Paulo Augusto. *SPR, memórias de uma Inglesa:* a história da concessão e construção da primeira ferrovia em solo paulista e suas conexões. São Paulo, 2005, p.186-ss.

[10] TOPIK, Steven. *A Presença do Estado na Economia Política do Brasil:* 1889-1930. Rio de Janeiro: Record, 1987, p.121.

[11] Between 1889 and 1930, the percentage of private railways dropped from 66% to 31%. Cf. TOPIK, Steven. op.cit. p. 122.

[12] *Folha da Noite, April 17th, 1923, p. 2.*

[13] *Folha da Noite,* May 30th, 1922, p.2.

[14] *Folha da Noite,* January 22nd, 1923, p.1.

[15] *Folha da Noite,* April 17th, 1923, p.2.

[16] *Folha da Noite* em January 12th, 1923, p.4.

[17] *Folha da Noite,* March 12th, 1926, p.9.

[18] *Folha da Noite* newspaper, on May 18 1922, calls *São Paulo Railway* an "insatiable octopus" because of

[18] No jornal *Folha da Noite*, em 18/maio/1922, a São Paulo Railway é chamada de "polvo insaciável" pelos constantes aumentos de tarifa. Entre outros artigos de mesmo caráter, ver: Folha da Noite em 7 e 13 de julho de 1922.

[19] *Folha da Noite*, 25/janeiro/1924, p.1.

[20] Depois da estatização, a diretoria da Sorocabana, sob o comando do engenheiro Arlindo Luz, elabora um programa geral de recuperação prevendo, entre outros pontos, a realização da tão desejada linha alternativa para o litoral, a Mayrink-Santos, a modernização da frota, a construção de novas oficinas em Sorocaba e de uma nova e monumental estação em São Paulo. Ao longo dos anos 1920, a maioria das metas são cumpridas, com exceção da Mayrink-Santos e da atual Estação Júlio Prestes, ambas inauguradas somente em 1938. Cf. SOUKEF JR, Antonio. *Sorocabana: uma saga ferroviária*. São Paulo: Dialeto, 2001, p.49.

[21] Desde 1893, durante a administração do conselheiro Francisco de Paula Mayrink, a Sorocabana se empenhava em levar seus trilhos até Santos. Porém, devido a sua instável situação econômica e as pressões da São Paulo Railway, só conseguiu iniciar os trabalhos em 1924. Sua execução enfrentou dificuldades pois, além dos problemas técnicos, a insalubridade do terreno provocava inúmeras baixas, exigindo a criação e a manutenção de um serviço sanitário permanente. Verdadeira epopéia, a ligação Mayrink-Santos demoraria catorze anos para ser concluída, tendo contado com a participação de mais de treze mil operários em sua execução. Cf. SOUKEF JR, Antonio. *Sorocabana...Op.cit.* p.65-66.

[22] Depois de 1920, as ações da SPR caem dois terços pelo temor dos investidores que previam a encampação da empresa a partir de 1927. Cf. TOPIK, Steven. Op.cit. p. 121.

[23] Em 1888, após algumas tentativas mal-sucedidas, o porto de Santos foi dado em concessão de noventa anos à empresa Gaffrée, Guinle & Cia, cuja sede ficava no Rio de Janeiro. O nome inicial da empresa, Empresa de Melhoramentos do Porto de Santos, foi alterado em 1892 para Companhia Docas de Santos, quando se transformou em sociedade anônima e as suas atribuições foram estendidas; além da construção, a Docas ficou responsável também pela operação do porto, o comércio de mercadorias em geral e os serviços de intermediação entre as agências de navegação e transportes terrestres.

[24] A crise do Porto de Santos. Exposição apresentada ao Sr. Presidente do Estado e ao Sr. Ministro da Viação pelas associações representativas do comércio, da indústria e da lavoura do Estado de S. Paulo. In: *Revista Brazil Ferrocarril*. Rio de Janeiro, n. 431, v.XXIX, ano XVI, 31 de dezembro de 1925.

[25] Essa via férrea de simples aderência passaria pelo vale do rio Mogi para depois alcançar Piassaguera pelo vale do rio Quilombo por meio de um túnel que vencesse o contraforte existente entre ambos.

[26] O resgate da SPR deveria ser calculado pela média de rendimento líquido se este não fosse inferior a sete por cento. Pelo movimento financeiro da empresa na época, este valor alcançaria a cifra de trinta mil contos de réis, além dos gastos de quatrocentos e sessenta mil contos pelo capital da empresa. Fora isso, seriam necessários outros duzentos mil contos para a remodelação da linha.

[27] Quando, no final da década de 1920, chegou a maior crise que o capitalismo experimentara até então, toda essa gente simples que tinha na vida cotidiana elementos de lugares distantes – uma ou outra peça de roupa, utensílios domésticos de origem industrial, enlatados, possibilidade de viajar de trem etc. –, pela primeira vez na história, foi afetada por uma crise econômica de envergadura mundial. Cf. HOBSBAWM, Eric. *Era dos extremos*: o breve século XX, 1914-1991. São Paulo: Companhia das Letras, 1995, p.210-ss.

[28] *Ver Folha da Noite*, 9/março/1928, p.6. Dois dias antes desse artigo o Inspetor de Portos afirmara que o congestionamento no porto de Santos era causado em grande parte pela SPR.

[29] O *Estado de S.Paulo*, 11/março/1928, p.6.

continuous fare increases. Among other articles with similar content, please see: *Folha da Noite* on July 7 and 13 1922.

[19] *Folha da Noite*, January 25th, 1924, p.1.

[20] After Sorocabana was nationalized, its board of administration, led by Engineer Arlindo Luz, designed a general recovery program that included, among other points, the development of the long-awaited alternative railway to the coast, the Mayrink-Santos; the modernization of the fleet; the construction of new workshops in Sorocaba; and a new monumental station in São Paulo. Along the 1920's, most of these goals were achieved, except for the Mayrink-Santos and the current Júlio Prestes station, both opened only in 1938. Cf. SOUKEF JR, Antonio. *Sorocabana: uma saga ferroviária*. São Paulo: Dialeto, 2001, p.49.

[21] Since 1893, during the administration of director Francisco de Paula Mayrink, Sorocabana had been striving to take its tracks to Santos. However, due to its unstable economic condition and pressure from São Paulo Railway, it was only able to start the works in 1924. Execution faced many difficulties because, in addition to technical problems, the land was unhealthy and workers fell ill. This required the creation and maintenance of permanent sanitation services. An epic enterprise, the construction of the Mayrink-Santos connection employed 13,000 workers and took 14 years. Cf. SOUKEF JR, Antonio. *Sorocabana...Op.cit.* p.65-66.

[22] After 1920, SPR's stock dropped by two thirds due to the investors' fear that the company would be taken over after 1927. Cf. TOPIK, Steven. Op.cit. p. 121.

[23] In 1888, after some unsuccessful attempts, the Port of Santos was given in concession to Gaffrée, Guinle & Cia for 90 years. The company was based in Rio de Janeiro. Its initial name, Empresa de Melhoramentos do Porto de Santos, was changed in 1892 to Companhia Docas de Santos, when it went public and extended its attributions. In addition to all construction work, Docas was also responsible for port operations, trade of general cargo and mediation between navigation and land transportation agencies.

[24] The Port of Santos crisis. Presentation made by the trade, industry and farming associations of São Paulo to the State President and to the Minister of Roads and Public Works. In: *Revista Brazil Ferrocarril*. Rio de Janeiro, n. 431, v.XXIX, year XVI, December 31, 1925.

[25] This adhesion railway would go through the valley of Mogi River to reach Piassaguera through the valley of Quilombo River by means of a tunnel that would overcome the foothill of both areas.

[26] SPR's nationalization cost should be calculated based on the average net income if this was not below 7%. Based on the company's revenue at the time, this would amount to 30,000 *contos de réis*, in addition to 460,000 contos for the company's capital stock. Besides, additional 200,000 *contos* would be needed to remodel the railway.

[27] When, in the late 1920's, capitalism was hit by its greatest crisis ever, all these ordinary people who had elements of distant places as part of their everyday lives such as a piece of clothing; industrialized domestic utensils; canned food, or even the possibility of travelling by train, etc. were affected by a global crisis for the first time in history. Cf. HOBSBAWM, Eric. *The Age of Extremes:* The short Twentieth Century, 1914-1991. London: Abacus, 1995, p.212-ss.

[28] *See Folha da Noite, March 9, 1928, p.6. Two days before this article the Port Inspector had said that congestions at the Port of Santos were mostly caused by SPR.*

[29] *O Estado de S.Paulo*, March 11th, 1928, p.6.

Com pedido datado de 1929, nesta fotografia Charles Robert Mayo, à direita, atestava a entrega do equipamento.

With a request dated 1929, in this picture, Charles Robert Mayo at the right, confirms the equipment delivery

Ainda em 1926, a SPR investia na compra de equipamento para a Serra Velha.

Still in 1926, SPR invested in buying equipment for Serra Velha.

Datadas do começo de 1929, há umas 5 fotografias comprovando a aquisição de "Motion Shafts" pela SPR.

Dated from the beginning of 1929, there are about five pictures showing the acquisition of motion shafts by SPR.

Nesta página e na seguinte, vemos um dos vagões metálicos adquiridos pela SPR com a intermediação da Fox & Mayo. A aquisição foi noticiada pela revista *Brazil-Ferro-Carril* de 16 de outubro de 1924.

In this and the opposite page, we can see one of the metallic wagons bought by SPR, through the intermediation of Fox & Mayo. The October 16, 1924 issue of the Revista Brazil Ferro-Carril magazine reported the acquisition.

Esta fotografia está datada no verso, com um carimbo indicando março de 1936. A placa lateral anuncia material fornecido ao governo chinês por meio dos consultores Fox & Mayo. Charles Mayo está à esquerda, ao fundo.

This picture is dated on its back with a stamp indicating March 1936. The side plate announces the material supplied to the Chinese government through Fox & Mayo's consultants. Charles Mayo is on the left in the back.

Parte Final

Novos caminhos da São Paulo Railway e de Charles Mayo

Final Part

New Avenues for São Paulo Railway and Charles Mayo

Este livro tem três personagens principais: o inglês Charles Robert Mayo, a companhia ferroviária britânica São Paulo Railway e o arquivo pessoal de Mayo adquirido pela Tejofran, que constitui o elo entre o primeiro e a segunda.

De acordo com os documentos desse arquivo, Charles Mayo e São Paulo Railway prosseguiram seu caminho depois de passados os terríveis anos da década de 1920 que ficaram registrados na pasta rosa e no álbum preto. Para dez ou doze anos seguintes, há várias fotografias tiradas na Grã-Bretanha em que a firma Fox & Mayo atesta sua intermediação na aquisição de equipamentos para a SPR.

Enquanto isso, no Brasil, a São Paulo Railway procurava se defender dos ataques com algumas medidas, inclusive apresentando uma solução alternativa ao transporte ferroviário. No final da década de 1920, antes de ver sua hegemonia ameaçada por uma empresa de ônibus que passou a oferecer viagens regulares

This book has three main characters: the Englishman Charles Robert Mayo, the British railway company São Paulo Railway and Mayo's personal archive acquired by Tejofran, which is the link between the two other characters.

According to the archive documents, Charles Mayo and São Paulo Railway went their own way after the terrible years of the 1920's that were recorded in the pink folder and black album. For the following ten or twelve years, there are several pictures taken in Great Britain in which Fox & Mayo confirms their intermediation in the acquisition of equipment for SPR.

While this was going on, São Paulo Railway tried to defend itself from the attacks in Brazil by putting some measures in place, and even by presenting an alternative solution to rail transportation. At the end of the 1920's, SPR created the General Transportation Company-CGT, to transport cargo and passengers between the two

Conforme a placa, esta foto registra uma inspeção realizada em março de 1936. Nesta data, os Fox já não estavam na Fox & Mayo, mas a semelhança com a fotografia inserida no início deste livro, na p. 33, indica que o homem da esquerda seja Charles Heyland Fox.

As shown in the plate, this is a picture of an inspection performed in March 1936. At that time, the Fox had left Fox & Mayo. However, this photo resembles the picture inserted in the beginning of this book, on page 33, which indicates that the man on the left is Charles Reyland Fox.

entre São Paulo e Santos, a SPR criou a Companhia Geral de Transporte-CGT, com a finalidade de oferecer um serviço rodoviário de passageiros e cargas entre as duas cidades, por meio de ônibus e caminhões, especialmente nos períodos de interrupção de tráfego na linha férrea.

Nos anos de 1930, a *Ingleza* renovou parte de seu material rodante, com a adoção de unidades diesel e diesel-elétricas, visando dar maior conforto aos passageiros no trecho de Santos a São Paulo. Aos poucos, carros de aço-carbono começaram a substituir os fabricados em madeira.

Outra estratégia inovadora utilizada pela SPR como forma de divulgar seus serviços e vantagens quando a concorrência rodoviária já se fazia sentir foi a criação de um departamento de turismo voltado principalmente ao atendimento dos passageiros de navios atracados em Santos. No mesmo espírito, os anúncios

cities, on buses and trucks, especially when there was traffic disruption in the railway. This was even before it saw its hegemony threatened by a bus company that started to offer regular trips between São Paulo and Santos.

In the 1930's, the Ingleza renewed part of its track and rolling stock, adopting diesel and diesel-electric units to provide more comfort to passengers in the Santos-São Paulo stretch. Little by little, carbon steel cars replaceed those made of wood.

Another innovative strategy used by SPR to promote its services and advantages when road transportation started to compete with the railways was the creation of a tourist department, which catered for passengers of ships docked in Santos. SPR made increasing use of advertisements to promote its services aiming to reinforce its image as a healthy company, and to attract other audiences. SPR announced reduced fares and tickets on weekends for those that used the company trains in

Publicidade na Revista *Brazil Ferro-Carril* de 1932 mostra a SPR diversificando atividades como forma de recuperar seu prestígio.

Advertisement published in Revista Brazil Ferro-Carril magazine of 1932 showing SPR diversifying activities as a way to recover its prestige.

Reportagem na mesma revista de 30 de setembro de 1936, mostrou os novos e luxuosos carros Pullmann adquiridos pela SPR para transporte entre Santos e São Paulo. Aqui, o "Pullmann-buffet".

Article at the same magazine showing the new and luxurious Pullmann cars acquired by SPR for transportation between Santos and São Paulo. Here, the Pullmann buffet car.

Meses antes da nacionalização, que viria em 1946, ainda vemos a Fox & Mayo negociando com a São Paulo Railway.

Months before the nationalization of SPR, we can still see Fox & Mayo negotiating with São Paulo Railway.

No verso desta fotografia, um carimbo indica a data de 1936. A imagem atesta o fornecimento de equipamento à China por meio da Fox & Mayo. Charles Mayo é o homem da direita.

This picture is dated on the back, with a stamp indicating March 1936. The side plate announces material supplied to the Chinese government through Fox & Mayo consulting. Charles Mayo is on the left, in the background.

publicitários foram cada vez mais utilizados pela SPR para divulgar seus serviços – procurando reforçar sua imagem de empresa sólida – e para atrair outros públicos, por meio da redução de tarifas e passagens nos finais de semana no caso de utilização dos trens da empresa em viagens de recreação. Além disso, a SPR oferecia espaço para propagandas em seus carros e estações.

Mesmo tomando em conta essas iniciativas de inovação e diversificação que se seguiram, percebemos que a década de 1920 foi um período de inflexão na trajetória da São Paulo Railway e que, a partir dos anos de 1930, a companhia apresenta claros sinais de declínio; nesta época, todos já viviam na expectativa do

recreational trips. It also offered advertising space in its cars and stations.

Even if we take into account such initiatives towards innovation and diversification, we can see that the 1920's were a turning point in the history of São Paulo Railway. As of the 1930's, the company showed clear signs of decline. At that time, everyone was waiting to see what would happen at the end of the concession period. Its definite end was in 1946, as provided for in the original agreement of 1856.

The transformations the railway provoked in the São Paulo region led to growing economic diversification. São Paulo was no longer a predominantly agricultural state. It became an industrial region, with the largest urban population in the country. In

A imagem da página ao lado é de 1937, conforme o carimbo que carrega no verso. Na placa, vemos que o material rodante destinava-se à Argentina.

The image on the opposite page is from 1937, as indicated in the stamp on the back. According to the plate, the track and rolling stock was to be shipped to Argentina.

final da concessão da linha, que viria em definitivo em 1946, conforme previa o contrato original de 1856.

As transformações provocadas pela ferrovia na região paulista levaram a uma crescente diversificação econômica; São Paulo foi deixando de ser um estado predominantemente agrícola para concentrar a maior parte das indústrias do país e, pouco a pouco, a maior população urbana. Nesse novo contexto, o modal ferroviário paulista, por ter sido feito e mantido para servir especialmente ao transporte de café, pouco contribuindo para a integração de mercados regionais, perdeu, paulatinamente, sua primazia para o transporte rodoviário.

Por sua vez, onde estava Charles Robert Mayo? Nessa altura, na metade dos anos de 1930, os Fox deixavam a sociedade na Fox & Mayo. Lembremos que a família Fox trabalhava para a São Paulo Railway desde o início da companhia, ainda nos meados do século XIX. Mayo seguiu com a empresa, mantendo seu nome original. Pelas fotografias de seu arquivo pessoal, vemos Mayo intermediando vendas de equipamentos para a Ingleza nos anos de 1935, 1936 e 1937. Mas há muito mais fotografias que mostram a sua atuação em outras companhias ferroviárias, em várias partes do mundo. Quanto à parte do arquivo pessoal de Mayo de que dispomos e que nos trouxe até aqui, esperamos que ainda participe de muitas outras investigações sobre a história da ferrovia no Brasil.

this new context, São Paulo railways, which were designed and maintained specifically to transport coffee, contributed very little for the integration of regional markets, and thus lost ground to road transportation.

And where was Charles Robert Mayo then? At that time, in the mid 1930's, the Foxes left Fox & Mayo. We have to remember that the Fox family had worked for São Paulo Railway since the company started, still in the mid 19th century. Mayo went on with the company, keeping its original name. The pictures of his personal archive show Mayo intermediating equipment sales for the Ingleza in the years of 1935, 1936 and 1937. But there are many more pictures showing his work in other rail companies, in several parts of the world.

As for the part of Mayo's personal archive that we got hold of and brought us until here, we hope it will be used in other research on the history of Brazilian railways.

Em 1936, Charles Mayo (à direita) participa de fornecimento de equipamento para a *Ingleza*.

In 1936, Charles Robert Mayo (right) participates in the supply of equipment to the Ingleza.

Em 1937, Charles Mayo (à esquerda) participa de fornecimento de equipamento para a SPR.

In 1937, Charles Robert Mayo, on the left, participates in the supply of equipment to SPR.

A fotografia mostra o campo de críquete do São Paulo Athletic Club, fundado por diretores e funcionários da São Paulo Railway e cuja sede campestre funcionou até 1947 em uma área pública cedida por empréstimo, próxima à estação de Pirituba.

The picture shows São Paulo Athletic Club cricket field. The club was founded by officers and employees of São Paulo Railway. Its country facilities operated until 1947 in a public area loaned to the club, close to Pirituba station.

Bibliografia / References

ARIAS NETO, José Miguel. Primeira República: economia cafeeira, urbanização e industrialização. IN: FERREIRA, Jorge e DELGADO, Lucilia de Almeida Neves (org.). *O Brasil Republicano I*. O tempo do liberalismo excludente: da Proclamação da República à Revolução de 1930. Rio de Janeiro: Civilização Brasileira, 2006.

BARBOSA, Gino Caldatto e MEDEIROS, Marjorie de Carvalho F. de. *Militão Augusto de Azevedo*: São Paulo Railway – Álbum Estrada de Ferro. São Paulo: Magma, 2010.

BESOUCHET, Lidia. *O pensamento vivo de Mauá*. São Paulo: Livraria Martins, 1944.

CALDEIRA, Jorge. *Mauá, Empresário do Império*. São Paulo: Companhia das Letras, 1995.

CAMARGO, Ana Maria de Almeida. *Arquivos pessoais*: questões para um debate. Disponível em www.anpocs.org/portal/index.php?option=com_docman&task=doc_view&gid=5030&Itemid=359. Acesso em julho/2012.

_____. *Caminhos do trem*. São Paulo: Duetto/Tejofran, 2010.

CAMPOS, Cristina de. *Ferrovias e saneamento em São Paulo:* o engenheiro Antonio Francisco de Paula Souza e a construção da rede de infraestrutura territorial e urbana paulista, 1870-1893. Campinas: Pontes, 2010.

CATCHPOLE, Paul. *A Very British Railway.* Cornwall/Great Britain: Locomotives International, 2003.

COOK, Terry. Arquivos pessoais e arquivos institucionais: para um entendimento arquivístico comum da formação da memória em um mundo pós-moderno. *Estudos Históricos.* Rio de Janeiro, n.21, 1998, p.129-149.

CYRINO, Fábio Rogério Pedro. *Café, ferro e argila:* a história da implantação e consolidação da empresa The San Paulo (Brazilian) Railway Company Ltd. através da análise de sua arquitetura. São Paulo: Departamento de História da Arquitetura e Estética do Projeto/FAUUSP, 2000. Dissertação de mestrado.

FABRIS, Annateresa (org.). *Fotografia:* usos e funções no século XIX. São Paulo: Edusp, 1998.

FERREIRA, Marieta de Moraes. PINTO, Surama Conde Sá. A crise dos anos 1920 e a Revolução de 1930. IN: FERREIRA, Jorge e DELGADO, Lucilia de Almeida Neves (orgs.). *O Brasil Republicano I:* o tempo do liberalismo excludente, da Proclamação da República à Revolução de 1930. Rio de Janeiro: Civilização Brasileira, 2006.

FOX, Daniel Makinson. Description of the line and works of the São Paulo Railway in the Empire of Brazil. In: *Minutes of proceedings of the Institution of Civil Engineers with abstracts of the discussions.* V. XXX. Session 1869-70 - Part II. London: ICE, 1870.

FREYRE, Gilberto. *Ingleses no Brasil:* aspectos da influência britânica sobre a vida, a paisagem e a cultura do Brasil. Rio de Janeiro: Topbooks, 2000.

GODOY, Joaquim Floriano de. *A província de São Paulo:* Trabalho Estatístico, Histórico e Noticioso. São Paulo: Governo do Estado de São Paulo, 1978, p. 100. (Coleção Paulística v. XII)

GRAHAM, Richard. *Grã-Bretanha e o início da modernização do Brasil:* 1850-1914. São Paulo: Brasiliense, 1973.

GUIMARÃES, Manoel Luiz Salgado. Vendo o passado: representação e escrita da história. *Anais do Museu Paulista.* São Paulo. Nova Série, v.15 n.2, p.11-30, jul-dez.2007.

GUNN, Philip. A São Paulo Railway - as formas de concessão e encampação. *Anais do III Encontro Nacional da Associação Nacional de Pós-graduação e Pesquisa em Planejamento Urbano e Regional-ANPUR*. Águas de São Pedro, 1989.

HARDMAN, Francisco Foot. *Trem Fantasma: a Modernidade na Selva*. São Paulo: Companhia das Letras, 1988.

HEYMANN, Luciana Quillet. *De arquivo pessoal a patrimônio nacional:* reflexões sobre a construção social do "legado" de Darcy Ribeiro. Instituto Universitário de Pesquisas do Rio de Janeiro, 2009. Tese de doutoramento.

HOBSBAWM, Eric. *A era dos impérios, 1875-1914.* Rio de Janeiro: Paz e Terra, 1988.

_____. Eric. *Era dos extremos:* o breve século XX, 1914-1991. São Paulo: Companhia das Letras, 1995.

HOLANDA, Sérgio Buarque de. O senso do passado. COSTA, Marcos (org.). *Para uma nova história.* São Paulo: Fundação Perseu Abramo, 2004, p.101-104.

KÜHL, Beatriz Mugayar. *Arquitetura do Ferro e Arquitetura Ferroviária em São Paulo:* reflexões sobre a sua preservação. São Paulo: Ateliê Editorial, 1998.

LANNA, Ana Lúcia Duarte. *Ferrovias, cidades, trabalhadores (1870-1920).* São Paulo: Departamento de História da Arquitetura e Estética do Projeto/FAUUSP, julho de 2002. Textos para a realização do Concurso de Livre-Docência.

LANGENBUCH, Juergen Richard. *A estruturação da grande São Paulo:* estudo de geografia urbana. Rio de Janeiro: IBGE, 1971.

LAVANDER JR., Moysés e MENDES, Paulo Augusto. *SPR, Memórias de uma inglesa:* a história da concessão e construção da primeira ferrovia em solo paulista e suas conexões. São Paulo: Clanel Artes Gráficas, 2003.

LEMOS, Carlos. Ecletismo em São Paulo. IN: FABRIS, Annateresa (org.). *Ecletismo na Arquitetura Brasileira.* São Paulo: Nobel/EDUSP, 1987.

MADELEY, James C. *Memória justificativa dos planos e orçamentos da duplicação da linha atual com novos planos inclinados.* A Crise no Porto de Santos. São Paulo: Associação Comercial, 1925.

MARINGONI, Gilberto. *Barão de Mauá, o empreendedor.* São Paulo: Aori, 2007.

MARTINS, Ana Luiza. *A história do café.* São Paulo: Contexto, 2008.

MATOS, Odilon Nogueira de. *Café e Ferrovias:* a evolução ferroviária de São Paulo e o desenvolvimento da cultura cafeeira. São Paulo: Alfa - Omega, 1974.

MAZZOCO, Maria Inês Dias e SOUKEF JUNIOR, Antonio. *Cem anos luz.* Tradução Christopher Ainsbury, São Paulo: Dialeto Latin American Documentary, 2000.

MENESES, Ulpiano Bezerra de. Memória e cultura material: documentos pessoais no espaço público. *Estudos Históricos*. Rio de Janeiro, v. 11, n. 21, p. 89-104, 1998.

_____. Ulpiano Bezerra de. Visão, visualização e usos do passado. *Anais do Museu Paulista.* São Paulo, Nova Série, v. 15, p. 117-123, 2007.

MINISTÉRIO DA AGRICULTURA. *Relatório apresentado à Assembleia Geral Legislativa na Terceira Sessão da Décima Segunda Legislatura pelo Ministro e Secretário de Estado dos Negócios d'Agricultura Commercio e Obras Públicas, Jesuino Marcondes de Sá.* Rio de Janeiro: Laemmert, 1865.

OLIVEIRA, Maria Luiza Ferreira de. *Entre a casa e o armazém:* relações sociais e experiências da urbanização: São Paulo, 1850-1900. São Paulo: Alameda, 2005.

OTTONI, Christiano Benedicto. *O Futuro das Estradas de Ferro no Brasil.* Rio de Janeiro: Tipografia Nacional, 1859. (Prefácio de Pio Benedito Ottoni, 3ª ed., 1958)

PADILHA, Marcia. *A cidade como espetáculo:* publicidade e vida urbana na São Paulo dos anos 20. São Paulo: Annablume, 2001.

PINTO, Adolpho Augusto. *História da Viação Pública em São Paulo.* São Paulo: Governo do Estado de São Paulo, 1977. (Coleção Paulística, v.II)

PINTO, Alfredo Moreira. *A cidade de São Paulo em 1900.* São Paulo: Governo do Estado de São Paulo, 1979. (Coleção Paulística, v. XIV)

RAMOS, Francisco Régis Lopes. *A danação do objeto:* o museu no Ensino de História. Chapecó: Argos, 2004.

Revista Ferroviária. São Paulo, n.239, abril de 1956.

Revista Brazil Ferrocarril. Rio de Janeiro, n. 431, v.XXIX, ano XVI, 31 de dezembro de 1925.

SAES, Flávio Azevedo Marques de. *As ferrovias de São Paulo,* 1870-1940. São Paulo: Hucitec, 1981.

SANTOS, Cecilia Rodrigues dos. *Em defesa do patrimônio industrial ferroviário de São Paulo:* as oficinas da São Paulo Railway na Lapa. Disponível em: www.vitruvius.com.br/revistas. Acesso: 06 de julho de 2012.

SEVCENKO, Nicolau. *Orfeu extático na metrópole:* São Paulo, sociedade e cultura nos frementes anos 20. São Paulo: Companhia das Letras, 1992.

SOBRAGY, Bento José Ribeiro. Relatório sobre o exame da estrada de Ferro de S. Paulo. Rio de Janeiro, 30 de novembro de 1866. IN: *Relatório apresentado à assembleia geral legislativa na primeira sessão da décima terceira legislatura pelo Ministro e Secretário de Estado dos Negócios d'Agricultura, Commercio e Obras Públicas, Manoel Pinto de Souza Dantas.* Rio de Janeiro: Perseverança, 1867.

SOUKEF JR, Antonio, RUBINO, Silvana e MASSARANI, Emanuel Von Lauenstein. *Estação Julio Prestes.* São Paulo: Prêmio, 1997. (fotografias por João Musa e Carlos Kipnis)

_____. Antonio. *A preservação dos conjuntos ferroviários da São Paulo Railway em Santos e Jundiaí.* São Paulo: Departamento de História da Arquitetura e Estética do Projeto/FAUUSP, 2010. Relatório de pós-doutorado.

_____. Antonio. *Sorocabana:* uma saga ferroviária. São Paulo: Dialeto, 2001.

_____. Antonio. Empreendimentos ferroviários britânicos no Brasil. IN: MOURA, Carlos Eugênio Marcondes de (org.). *Brasil: Grã-Bretanha:* uma relação de cinco séculos. São Paulo: Museu a Céu Aberto/Cultura Inglesa, 2010.

SOUZA, Irineu Evangelista de. *Exposição do Visconde de Mauá aos credores de Mauá & Cia. e ao público.* Rio de Janeiro: Zelio Valverde, 1942.

TALBOT, Frederick A. *The Railway Conquest of the World.* London: William Heinemann, 1911.

TOLEDO, Benedito Lima de. *Projeto Lorena - Os Caminhos do Mar: Revitalização, Valorização e Uso dos Bens Culturais.* São Bernardo do Campo/SP: Prefeitura Municipal, 1975.

TOPIK, Steven. *A Presença do Estado na Economia Política do Brasil:* 1889-1930. Rio de Janeiro: Record, 1987.

VASQUEZ, Pedro Karp. *Ferrovia e fotografia no Brasil da Primeira República.* São Paulo: Metalivros, 2008.

WAAL, Edmund de. *A lebre com olhos de âmbar.* Rio de Janeiro: Intrínseca, 2011.

Obs: Além das obras indicadas nesta listagem o livro fez uso de jornais como *Folha da Noite, O Estado de S.Paulo* e outros, bem como de periódicos específicos do campo ferroviário que se encontram apontados nas respectivas ocorrências do texto.

Note: In addition to the works indicated in this list, this book used newspapers like Folha da Noite, O Estado de S.Paulo *and others, as well as publications specializing in railways that are duly mentioned in the respective text occurrences.*

Agradecimentos

Registramos aqui um agradecimento especial a Michael Aswani e Reuben Ford, bem como ao artista plástico Alex Flemming, por sua colaboração no acesso e apreciação de documentos.

Da mesma forma, os pesquisadores Victor Nosek e Cesar Sacco merecem um reconhecimento diferenciado, por sua ajuda na obtenção de fotografias adicionais e de informações.

Diversas outras pessoas contribuíram com informações e opiniões para este livro. A todas elas, o nosso agradecimento.

Acknowledgements

Michael Aswani and Reuben Ford, as well as the plastic artist Alex Flemming, deserve a particular recognition, for their contribution related to the access and evaluation of documents.

We are also indebted to the researchers Victor Nosek and Cesar Sacco, which helped us to obtain additional images and information.

Many other persons, not mentioned here, cooperated in various ways to this book. For all of them, we express our thanks.

EDITOR: FABIO HUMBERG

CAPA E PROJETO GRÁFICO: OSIRES

TRADUÇÃO PARA O INGLÊS: VERSÃO FINAL TRADUÇÃO & INTERPRETAÇÃO

REVISÃO: RENATA ROCHA INFORZATO

ESCANEAMENTO E TRATAMENTO DE IMAGENS: INSTITUTO BRASILIANA/USP

DIAGRAMAÇÃO: RABISCOS E GRAFISMOS

**Dados Internacionais de Catalogação na Publicação (CIP)
(Câmara Brasileira do Livro, SP, Brasil)**

Siqueira, Lucília
   A ingleza e o inglês : a São Paulo Railway e
Charles Robert Mayo / Lucília Siqueira e Antonio Soukef
Junior ; [tradução para o inglês Versão Final Tradução
& Interpretação]. -- São Paulo : Editora CLA, 2013.

   Edição bilíngue: português/inglês.
   Bibliografia.
   ISBN 978-85-85454-

   1. Ferrovias - Construções e estruturas - São Paulo
(Estado) - História 2. Ferrovias - São Paulo (Estado) -
Fotografias 3. Ferrovias - São Paulo (Estado) - História
4. Mayo, Charles Robert, 1877-1971 5. São Paulo Railway -
História I. Soukef Junior, Antonio. II. Título.

13-00705   CDD-385.098161

Índices para catálogo sistemático:

1. São Paulo : Estado : Ferrovias : História
     385.098161

GRAFIA ATUALIZADA SEGUNDO O ACORDO ORTOGRÁFICO DA LÍNGUA PORTUGUESA DE 1990,

QUE ENTROU EM VIGOR NO BRASIL EM 1º DE JANEIRO DE 2009.

PRODUZIDO PELA EDITORA CLA CULTURAL LTDA.

RUA CORONEL JAIME AMERICANO 30 – SALA 12

05351-060 – VILA SÃO FRANCISCO – SÃO PAULO – SP

TEL: (11) 3766-9015 – E-MAIL: EDITORACLA@EDITORACLA.COM.BR